Basics of Tax

これだけは知っておきたい「税金」のしくみとルール

改訂新版10版

複雑な税金が、これ一冊でわかる!

- ◉そもそも、なぜいろいろな税金があるのか?
- ◉税金は時代に合わせて変わり続けている!
- ◉「所得税」「法人税」「相続・贈与税」などのしくみがわかる!
- ◉「確定申告」には「各種減税」を知っておこう!

公認会計士
梅田泰宏【著】

フォレスト出版

「税金」の基本としくみが、この一冊でスッキリわかる！

――――はじめに

多くの「税金本」の中から、この本を手に取っていただき、ありがとうございます。

あなたがこの本を手にしたのは、

「会社で年末調整の案内が来たけど、よくわからない」

「確定申告って、どんなふうにやればいいの？」

「スマホでも簡単にできるとか言ってるけど、ｅ-Ｔａｘって、何？」

「経理の仕事をしているが、いまいち税金について理解できていない」

「税理士・会計士の勉強を始めようと思っているが、まず基本を学びたい」

「よくわからないけど、税金って高すぎない？」

といったことをお考えだからじゃないでしょうか。

あるいは、もっと具体的なことでお悩みですか。

「転職したいけど、税金ってどうなるの？」

「独立開業するとき、税金はどうなる？」

「マイホームを購入予定だけど、どんな税金がかかるの？」

「法人税は昔より安くなったそうだけど、個人の所得税は近いうちに増税になるらしい。これからの生活どうなっちゃうの？」

などなど……。

毎日の生活から人生の大きな節目まで、税金は私たちの生活に密着しています。
それなのに意外と税金のことって、わかっていませんよね。

「勝手に取られるものだし、どうしようもないよ……」
そう感じるあなたの気持ちもわかります。
サラリーマンであれば、所得税や住民税は給料から天引きされているのでどうしようもない、と思ってしまいます。消費税だって、モノを買えば当然のように取られます。

テレビのニュースなどで税金に関する話題が取り上げられても、どこか諦めの気持ちで見ているだけではないでしょうか。

けれども、税金は「取られるもの」ではありません。納税は国民の義務でもあります。

もちろん、税金の知識がないばかりに、本来納めなくてもいい額の税金を納めるのは避けたいですね。こういう**「節税」も、税金の基本を知って初めてできる**のです。

そもそも、税金を負担するのはまぎれもなく、私たち国民です。

「よく知らないけど、取られるからしかたなく払う」

そんな姿勢で本当にいいのでしょうか。

■世の中のことは、税金のルールで大きく変わる！

税金は、私たちの生活に大きく関わっています。

たとえば会社では、研究開発のための投資を行なうと「研究開発税制」（↓Ｐ135）により法人税が安くなります。財務省の試算（令和６年４月国会報告）によると、研究開発税制による令和４年度の法人税の税収減、すなわち減税額は７６３６億円にのぼるそうです。日本の会社全体では、それだけの減税を受けていることになります。

もっとも、大企業ほど研究開発投資を行なう余力があり、投資額が大きいほど減税額も大きくなるので、研究開発減税の恩恵は大企業に偏っているという指摘があるのも事実です。

「会社の税金はどうでもいい。個人生活に関する税金のことを知りたい」

そう思われるかもしれません。

しかし**会社を経営していたり、商店を経営していたりすると、個人の税金とはまた違った税金が関わってくる**ことも覚えておきましょう。

個人の税金で、大きく変わったところといえば、「新しいＮＩＳＡ」はどうでしょうか。

ＮＩＳＡは、株式や投資信託の運用益について、通常なら所得税と住民税あわせて20・３１５％かかる税金がゼロ、非課税になる制度です。以前は期間を区切った時限措置だったのが、令和６年から恒久的な制度になりました（↓Ｐ222）。

所得税、住民税がかからないことから、個人投資家がどっと増え、その後に続く日経平均株価の「バブル後最高値更新！」の一因になったといわれています。

そして、私たちがほとんど毎日払っている税金――消費税。

10％への税率アップと、軽減税率８％の導入から5年たち、令和5年10月にはインボイス制度も始まりました（↓Ｐ200）。

でも、よくよく考えてみると、消費税がなかったら１万１０００円や１万８００円のモノが、１万円で買えているはず。慣れっこになって惰性で払っているけど、毎日のように払っている税金だから、実はこの差は大きい……。


といって、消費税は社会保障の経費に充てられていますから（↓Ｐ186）、自分や家族の将来のことを考えるとなくなっても困ります。消費税ひとつとっても、払わないで済むか、払うにしても安いほうがいいけど、ちゃんとした年金や医療などの社会保障も欲しい……悩ましいところですよね。


第５章でも説明しますが、私たちの生活にはいたるところで税金がかかっています。

たとえば株や投資信託の運用益のほかにも、不動産の購入などにも税金はかかります。これらは税金が「景気の調整」や「政策の手段」という役割を担っているからなのです。

これらの税金を操作することで、景気を抑制・刺激したり、政策に沿うよう私たちの行動をコントロールしているんですね。

つまり、私たちを**取り巻く「経済」と税金は深く関わっている**わけです。

そう考えると、「税金を知ることは世の中の流れを知ること」、といっても過言ではないでしょう。さらに、払った税金がどう利用されているのか、常に考えていくべきです。

■税金の「?」が本書でクリアになります!

「税金って難しそう……」

そんなイメージで、税金について学ぶことを敬遠する人も多いかもしれません。

実際、税金は非常に多岐にわたります。税理士さんの中にも、すべての税金について熟知している人は、意外と少ないのです。それぐらい「税金=複雑」のイメージは定着していますが、この本を読めばそんなイメージは払拭《ふっしょく》されます。

豊富な図表とわかりやすい解説で、一度読んだだけで税金の基礎知識がスッキリと頭に入ります。文章を読むのに疲れたときは、左ページの図だけを見てもらってもかまいません。図だけでも充分、税金の基礎を理解できるようになっています。

読みたい項目がすぐ探せるように索引もつけてありますし、目次を読んだだけで本書の内容がわかるようになっています。

また、**ビジネスだけでなくプライベートなど、あらゆる場面で遭遇する税金について、税金別でなくシーン別に解説しています。**この一冊さえあれば、あなたはもう、ビジネスでもプライベートでも、税金で困ったり、知らなくて恥をかくこともなくなるでしょう。

■賢く税金とつき合えば、仕事にも人生にも役立つ

この本を読んでもらえばわかるとおり、私たちは想像する以上にたくさんの税金をさまざまな場面で払っています。数をあげればきりがないほどです。

クルマだけでも「自動車税（環境性能割）」「自動車税（種別割）」「自動車重量税」「ガソリン税（通称）」など、いろいろあります。

土地や建物などの不動産は「固定資産税」、場合によっては「都市計画税」「特別土地保有税」もかかります。それらを売れば「譲渡所得」として所得税もかかります。

ほかにも、「入湯税」や「ゴルフ税」というものがあるのです。お酒にもたばこの値段にも税金が含まれています。

要するに、何をするにも税金がかかると思っていいでしょう。

ここまで読むと、あなたは税金に対してものすごくマイナスなイメージを抱いてしまったかもしれません。しかし、税金は忌み嫌うべきものではなく、むしろ税金をたくさん納めることは、社会に貢献する最も手っ取り早い方法のひとつともいえるのです。

ただ、それを知っていて納めるのと、知らずにただ取られていると感じるのとでは、大きな違いだと思いませんか。それに、繰り返しますが税金のしくみを知らないと、「納めなくてもいい」税金を納めることにもなります。

税金の知識は、仕事や生活の上で不可欠といえるものです。どんな税金があり、どこにどうやって納めるのか？　今後税制はどう変わっていくのか？　それらを知らずにただ取られるがまま払うのでは、あなたは損をしてしまうかもしれません。

この本でしっかりと学び、少しでも賢く税金とつき合っていきましょう。それが「節税」にもつながり、世の中の役にも立つのです。

■本書の読み方

ここでこの本の構成を紹介しましょう。

第1章では、**「そもそも税金とは何なのか」**——つまりそれぞれ個別の税金のことを勉強する前の大前提となる基礎知識についてまとめました。なぜ税金を納めるのか？　納めた税金はどのように使われているのか？　など、基本的な知識について説明します。

第2章では、**「個人の『所得』に関わる税金」**について説明しています。身近なところでいえば、会社でもらう給与から所得税や住民税が引かれています。でも、「所得」というのはそれだけではないのです。給与以外にもいろいろな種類の所得があります。また、「源泉徴収」「確定申告」「年末調整」といったことについても説明しています。

第3章では、**「会社が納める税金」**について説明しています。事業主でないとイメージしづらい会社の税金について、わかりやすく説明しています。

第4章では、**「相続・贈与に関わる税金」**について説明しています。誰にでも起こり得る問題ですので、今からしっかり学んでおきましょう。

最後に第5章では、**「仕事と生活に関わる税金」**です。4章までに説明した以外のさまざまな税金について説明しています。消費税をはじめ、お酒やタバコ、クルマや不動産にかかる税金など、まさに私たちの生活を取り巻く税金についてです。

さらに各章にはいくつかコラムを掲載しています。これでより皆さんに、税金について興味を持ってもらえることでしょう。この本を読んで皆さんが、税金の知識を日常生活や仕事に役立てることを願っております。

令和6年3月

公認会計士　梅田泰宏

〈おことわり〉

税金の制度には毎年、大小の変更が加えられます。新聞などで報じられる税制の「改正」に注意してください。本書の内容は、とくに断りがない限り令和6年3月時点の税制について説明したものです。

個人の定額減税だけでなく、会社の税金にも「減税」が並ぶ

令和6年度改訂にあたって

令和6年度税制改正のキーワードは、「減税」です。所得税・住民税の定額減税、住宅ローン減税などに加えて、半導体関連や賃上げなど、企業に投資を促す減税などが並びます。日本経済の「デフレ脱却」に向けた政策ですが、定額減税や企業の交際費など、私たちの仕事や暮らしに直結するものが目立ちます。

逆に、**増税につながる防衛力強化のための増税開始時期、扶養控除の縮小などは、決定が先送り**されました。

そのような令和6年度の税制改正の内容を、概観してみましょう。

◉――1人当たり4万円の定額減税があります

納税者本人と扶養家族の人数分、1人当たり所得税3万円、住民税1万円の減税です。扶養家族2人の3人家族なら、12万円の減税になります。減税分を個人消費に使ってもらい、

デフレ脱却を進めるのがねらいです。

6月に開始されるので、会社勤めの人は6月支給のボーナスから所得税が減税され、手取りが増える人が多いでしょう。6月だけで引ききれなかった人は、7月以降の給与に繰り越して引かれ、手取りが増えます。

住民税のほうは、6月分が徴収されず、定額減税後の税額を11カ月で等分に徴収されるしくみです。

個人事業主の人は、所得税の予定納税7月1期目から順次、引いていきます。引ききれなかった分や、予定納税がない人は、令和7年2~3月の確定申告での減税です。住民税については6月の1期目から、引ききれなかった分は2期目以降、順次引いていきます。

ただし、給与収入が2000万円超、事業所得などの合計が1805万円超の人は、減税の対象外です。

また、納税額が少なく、令和6年分だけでは減税しきれない人には、減税額との差額が1万円単位で給付されます。住民税非課税世帯や、所得税が非課税の世帯の場合は、減税に代わり7~10万円の給付です。低所得で、とくに子育て中の世帯には、子ども1人当たり5万円の上乗せがあります。

ちなみに、**わざわざ「定額」減税と呼ぶのは、一定の額でなく一定の割合を差し引く、定率減税の方法もあるからです**。定率減税に比べて定額減税には、所得が低く納税額が少ない人ほど減税の割合が高くなり、恩恵を受けやすいというメリットがあります。

◉住宅ローン減税の上限額が据え置かれます

住宅ローン税額控除は、令和６年度から借入限度額の上限が引き下げられる予定でしたが、「次元の異なる少子化対策」の一環として、子育て世帯、若者夫婦世帯に限って上限額が据え置かれることになりました（令和６年中の入居）。

「認定住宅」の場合で、上限５０００万円が維持されます（→Ｐ91）。子育て世帯とは「19歳未満の子を有する世帯」、若者夫婦世帯とは「夫婦のいずれかが40歳未満の世帯」です。

また、新築住宅の床面積要件を40㎡以上（合計所得金額１０００万円以下の年分）とする措置も、令和６年中に延長されました。

◉扶養控除の見直しは令和7年度改正に

同じく「次元の異なる少子化対策」の一環として、児童手当が高校生の年代まで拡大されます（月額１万円、令和６年10月から）。これにともない、現在、高校生の年代も対象となっている扶養控除の縮小が検討されていましたが、令和７年度の税制改正で決定することになりました（→P98）。

◉ 防衛力強化のための増税は開始時期を先送り

昨年度、令和５年度の税制改正大綱では、防衛力強化のための増税を、令和９年度に向けて段階的に実施することが明記されていました。今回、法人税、所得税の増税の開始時期が決定されるか注目されていましたが、先送りされました。

「いま、増税の議論をすべきでない」という、首相官邸や自民党内の意向を考慮したものといわれています。

◉ 「賃上げ促進税制」がさらに拡充されます

社員の賃上げを行なった企業の法人税を減税し、税額控除を認める賃上げ促進税制では、これまでの大企業・中小企業の区分に、従業員２０００人以下の「中堅企業」の枠が設けられます。女性活躍や子育て支援に積極的な企業には、さらに優遇を上乗せする措置も新設されました。

これにより、大企業・中堅企業では最大35％、中小企業では最大45％が法人税から税額控除されます。

◉「戦略分野国内生産促進税制」が新設されます

半導体など、中長期的な経済成長を支える戦略分野の国内投資を、減税によって企業に促す税制です。法人税が最大40%税額控除され、控除額は電気自動車1台40万円など、生産単位ごとに決められています。生産量や販売量に応じて、控除額が決まるしくみです。

戦略分野としては、半導体や電気自動車、次世代の航空燃料ＳＡＦなど、5分野があげられています。

◉損金算入できる飲食費の額が倍増します

交際費とせずに会議費などで経費として計上し、損金に算入できる飲食費には上限があります。**これまで、1人当たり5000円以下とされていましたが、この上限額が1万円以下となりました。**物価高により、飲食費が値上がりしたことに対応した措置で、とくに都心部などでは飲食費が高騰しており、厚生労働省などが見直しを求めていたそうです。

交際費とされると、原則として損金不算入ですから（→P128）、その上限額が引き上げられると企業は飲食費を使いやすくなります。コロナ禍で打撃を受けた飲食業などを、支援する効果も期待できそうです。

なお、交際費を損金算入できる中小企業の特例は、3年間延長されています（→P129）。

◉──「イノベーションボックス税制」が新設されます

ＡＩ関連プログラムなどの知的財産から得た所得を、法人税の課税所得から控除して減税できるというのがイノベーションボックス税制です。対象となる知的財産は、令和6年4月以降に取得した特許権や、ＡＩ関連プログラムの著作権で、これらを国内で売却した収益や、国内外で使用されたライセンス所得が控除の対象になります。最大30％の控除が可能です。ソフトウェア開発などへの投資を促進し、企業の国際競争力向上を目的としています。

◉──法人事業税の外形標準課税が見直されます

法人事業税の外形標準課税の基準は、これまで資本金1億円超とされていましたが、これに「資本金と資本剰余金の合計が10億円超」などの基準が追加されます（↓Ｐ144）。

近年、資本金1億円超の企業が資本金を資本剰余金に振り替え、資本金1億円以下に減資して外形標準課税の対象から外れる事例が多発しているため、それを抑えるのがねらいです。

以上のように、令和6年度税制改正では、防衛力強化のための増税の開始時期、扶養控除の見直しなどの決定が先送りされています。どんな決定がなされるのか、今後も注目していきたいものです。

これだけは
知っておきたい
「税金」の
しくみとルール

改訂新版10版

目次

「税金」の基本としくみが、
この一冊でスッキリわかる！
──────はじめに …………

個人の定額減税だけでなく、
会社の税金にも「減税」が並ぶ
──────令和6年度改訂にあたって

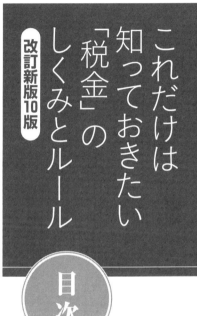

まず、税金のことを大まかに知っておこう！

第1章

▼税金の基本的なしくみ

日本の税金の構造は、要するにどんなふうになっているのか……、「税金の基本」を最初にしっかり押さえておこう。

1 そもそも「税金」って何だろう

⬇「会費」のようなものだが、国民には「納税の義務」がある

● 税金は「会費」のようなもの？

● そもそも、なぜ税金を納めなければならないのだろう

36

2 私たちは何のために税金を納めているのか？

⬇税金には大きく分けて4つの役割がある

● 税金には格差社会を是正する役割がある

● 景気の調整や政策の手段の役割もある

40

3 日本で暮らすと、どんな税金がかかるのか？

⬇あなたはこんなにたくさんの種類の税金を払っている！

● たくさんの税金もいくつかのグループに分けられる

第2章 個人の「所得」に関わる税金とは?

▼所得税・住民税など

個人が納める所得税や住民税は、どんなしくみになっていて、税額計算や納税方法はどうなっているかを知っておこう。

1 10種類の「所得」とは? …… 76

- ⬇ 所得の種類によって、課税のされ方も違う

2 所得税は、どのように計算するのか? …… 78

- ⬇ 「(所得金額−所得控除)×税率」が基本的な計算方法
- ● まず収入の金額から費用などを差し引く
- ● 所得金額はこうやって計算する

3 「所得控除」って何だろう …… 82

- ⬇ 個人の事情に応じて15種類もの所得控除がある
- ● 該当する人が多いのは、基礎控除・配偶者控除・扶養控除など
- ● 基礎控除は10万円の引上げになっているが……

第4章 遺産相続や贈与に関わる税金とは？

▼相続税・贈与税など

人が亡くなったら「相続税」、金品を贈与したら「贈与税」がかかる。
どのようなしくみになっているのだろう。

第5章

まだまだある！　仕事と生活に関わる税金

▼消費税、そのほかの税金

身近な消費税だけでなく、酒税やたばこ税など、私たちは知らない間に、いろいろな税金を払っている。

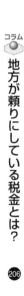

DTP――ベクトル印刷㈱
校正――㈱剣筆舎
図版原案――㈱システムタンク

第1章

まず、税金のことを大まかに知っておこう！

▼税金の基本的なしくみ

日本の税金の構造は、要するにどんなふうになっているのか……、「税金の基本」を最初にしっかり押さえておこう。

1 そもそも「税金」って何だろう

「会費」のようなものだが、国民には「納税の義務」がある

◉──税金は「会費」のようなもの？

税金とは何か――これを説明するとき、国税庁のホームページなどが引き合いに出しているのは、「会費」です。

つまり同好会とか自治会とか、人が集まって何か団体をつくると、連絡や会議などで必ず費用がかかりますね。そこで、同好会や自治会ではその費用をまかなうために会費を徴収するわけですが、国や地方公共団体が徴収する税金もそれと同じだ、という説明です。

たしかに、**警察・消防・道路・水道、あるいは福祉・教育などなど、国や地方公共団体が行なっている公共サービスには多額の費用がかかっているはず**です。

私たちは、それらのサービスを利用するつど費用を支払うわけではないので、まとめて会費のようなものとして、税金を納めていると考えることができるでしょう。

ただし、サービスの対価として直接支払うしくみでないため、不公平感や疑問を感じるこ

税金とは「社会を支える会費」のようなもの?

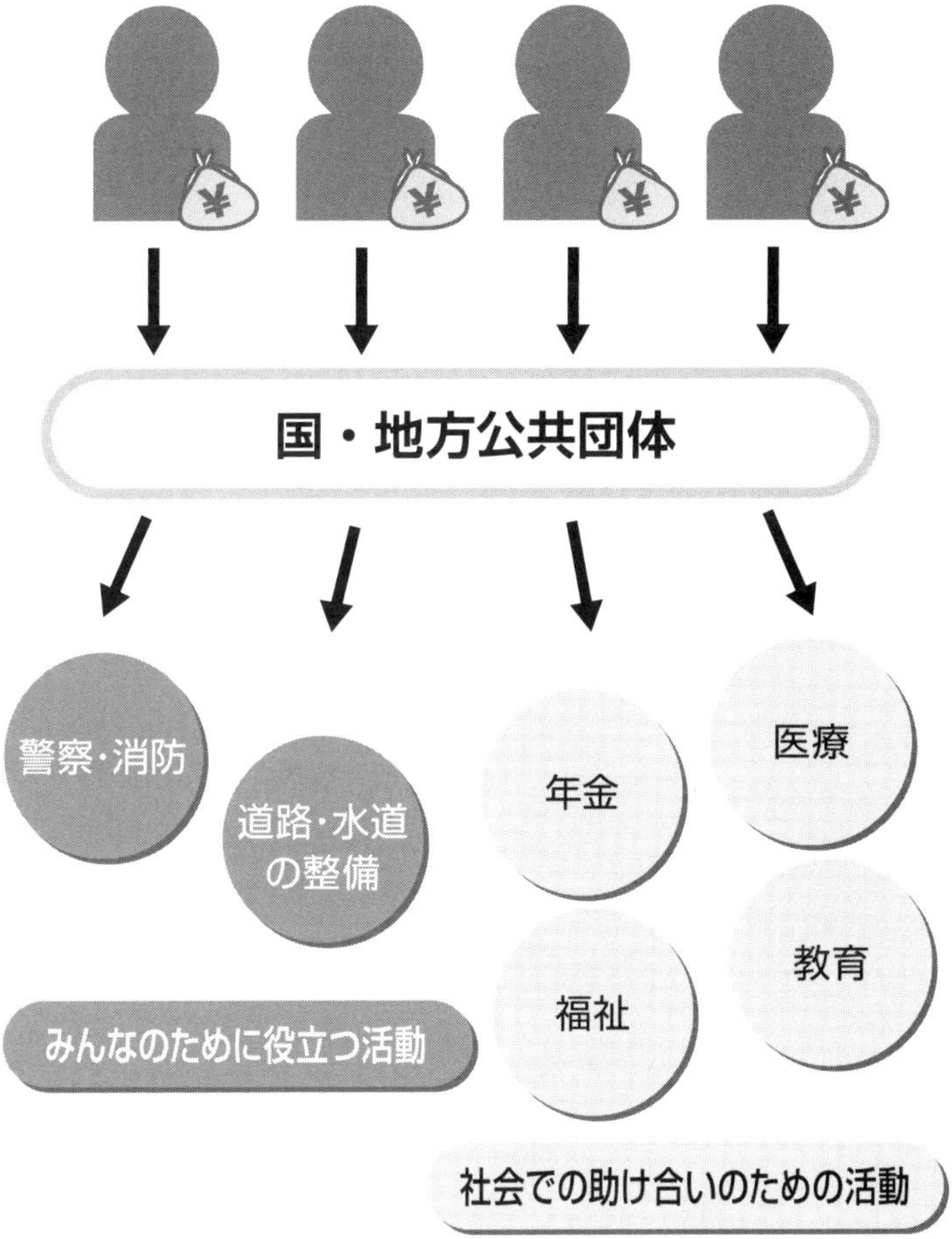

国税庁ホームページ「税の学習コーナー」学習・入門編より作成（www.nta.go.jp）

とがあるかもしれません。ときどき一部の会員、たとえば大企業だけが優遇されているという議論が起こるのも、会費のような税金のしくみに原因があるといえます。

◉——そもそも、なぜ税金を納めなければならないのだろう

そこで辞典などをひもとくと、たとえば広辞苑では「租税」（税金のこと）の項に「国家または地方公共団体が、その必要な経費を支弁するために、法律に基づき国民・住民から強制的に徴収する収入（後略）」とあります。

同じことを説明しているようでも、単に「会費」といわれるより「強制的に徴収される」と説明されるほうが、私たちの実感に近いかもしれませんね。

国や地方公共団体が「会費」のようなものを「強制的に徴収」できるのは、納税が国民の義務だからです。日本国憲法第30条には「国民は、法律の定めるところにより、納税の義務を負ふ」と定められています。

ですから私たちは、会費のようなものとして納得してもしなくても、たとえ不公平感や疑問を感じたとしても、税金を納めなくてはなりません。

日本で生活していく以上、税金と無関係ではいられないのですから、社会人として基本的な知識はしっかり押さえておくことにしましょう。

¥ 国民には「納税の義務」がある

「国民は、法律の定めるところにより、納税の義務を負ふ」

（日本国憲法第30条）

↓

「会費」のようなものでも「強制的に徴収」される

無関係ではいられないから、
基本的な知識を押さえて
おきましょう

2 私たちは何のために税金を納めているのか？

税金には大きく分けて４つの役割がある

私たちが納めた税金は、国税庁や辞典の説明にもあったように、主に公共サービスの費用として使われます。この**「公共サービスの資金調達」というのが、税金の第1の役割**です。

しかし、税金の役割はそれだけではありません。

●税金には格差社会を是正する役割がある

市場経済の国では、どうしても一部の人に富が集中し、ほうっておくと「格差」が広がる一方です。しかも、その富が遺産という形で次世代に継承されると、格差が固定されることにもなり、社会全体として見ると望ましくありません。

そこで、税金を使って格差を是正するしくみがあります。

税金をかけたり徴収する制度のことを「税制」と呼びますが、**現在の日本の税制では、収入や遺産の多い人ほど、より高い割合の所得税や相続税を課せられる**ことになっています（累進課税）。そして、その割高の分の税金は、社会保障制度などを通じて、所得や財産の少

¥ なぜ、所得の再分配ができるの？

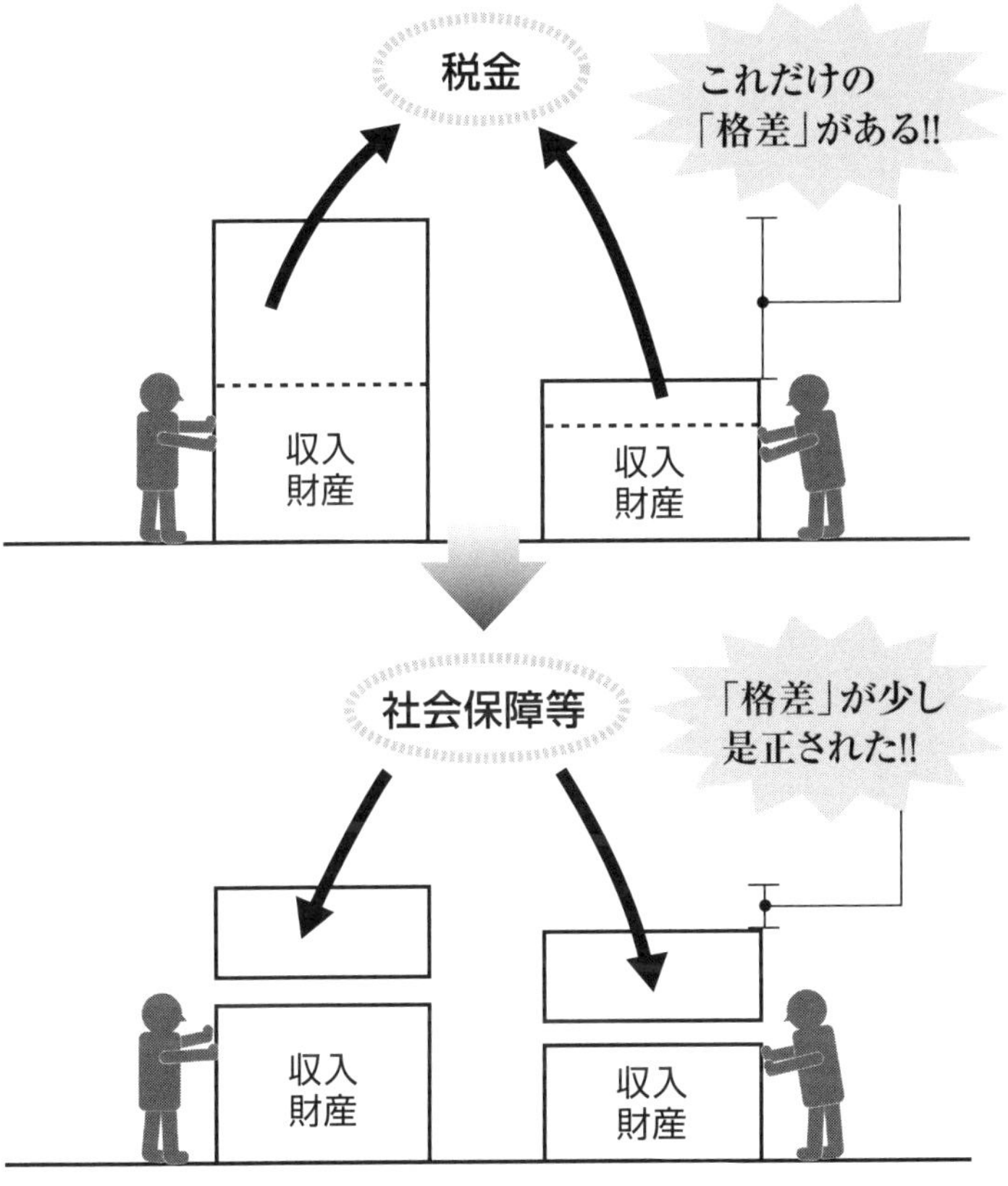

税金と社会保障などがあいまって
所得の再分配が行なわれる

ない人にも分配されるのです。

つまり税金が、収入や遺産の多いところから、少ないところに分配されるしくみになっています。この機能を「所得の再分配」といい、税金の第2の役割とされています。

◉――景気の調整や政策の手段の役割もある

さらに税金は、「景気の調整」の役割も持っています。というのは、とくに**所得税は、好況のときには課税額が増えると税率が上がるので景気を抑制する方向に働き、反対に、不況時には税率が下がるので景気を刺激する方向に働く**ことがあります。

いわば、景気の自動調整装置のような役割を果たしているわけです。

そのほかにも、税金が政府の「政策の手段」として使われることがあります。たとえば、証券投資を盛んにしたいと考えたら、株の売却益や配当に対する税金を優遇する制度をつくったりするのです（↓P220）。

反対に、好ましくない場合には税率を上げることもあります。たとえば、現在、5年以下の所有期間で土地を売却すると、所得税と住民税で合計40％近い重い税金がかかります（↓P214）。これは、短期的な土地転がしで利益を上げることを抑えるためなのです。

税金の4つの役割

1. 公共サービスの資金調達
2. 所得の再分配
3. 景気の調整
4. 政策の手段

私たちの納めた税金が
日本を支えています！

3

日本で暮らすと、どんな税金がかかるのか？

あなたはこんなにたくさんの種類の税金を払っている！

◉――たくさんの税金もいくつかのグループに分けられる

日本には、どんな税金があるのでしょうか。

収入があれば所得税、日用品を買えば消費税、不動産を持っていると固定資産税……。中には、そこに住んでいるというだけで課税される（と思える）住民税まであって、数限りないような気がしますね。

しかし、**「何に対して課税されているのか」**を考えてみると、**無限に思える税金もいくつかの種類に分類できる**ことがわかるでしょう。

まず、**第1のグループは所得税や法人税のように、個人の収入や会社の利益などに課税される税金**です。課税の対象になる収入などを「所得」と呼ぶので（↓P76）、このグループを「所得課税」といいます。

実は住民税なども、所得の額が課税の基本なので所得課税のグループです。ほかに、代表

日本で暮らすとかかる税金

	国 税	地方税
所得に対して課税 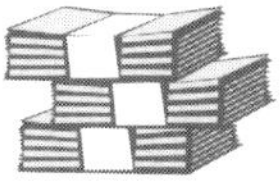	所得税 法人税 地方法人税 特別法人事業税 など	個人住民税 個人事業税 法人住民税 法人事業税 住民税利子割
資産に対して課税 	相続税 贈与税 地価税（※） 自動車重量税	固定資産税 都市計画税 事業所税 特別土地保有税（※） 自動車税（種別割） 軽自動車税 など
消費に対して課税 	消費税 酒税 たばこ税 揮発油税 石油ガス税 石油石炭税 関税 地方揮発油税 など	地方消費税 道府県たばこ税 市町村たばこ税 軽油引取税 ゴルフ場利用税 入湯税 など
流通に対して課税 	印紙税 登録免許税 など	不動産取得税

※現在は課税停止中

的な所得課税として事業税もあります。

次に、**相続税や固定資産税など、資産を手に入れたり持ったりすると課税される「資産課税」のグループ**です。このグループには、贈与税や都市計画税などが含まれます。

さらに「消費課税」。消費にかかる税金というと、消費税がまず思い浮かびますね。ほかには酒税や、たばこ税、ガソリンにかかる揮発油税というものもあります。

このほか、「流通課税」という分類をする場合があり、印紙税、登録免許税といった税金を含めます。ただし、資産課税や消費課税との境目はあまりはっきりしていません。

このように、日本では「所得」「資産」「消費」「流通」を対象に税金が定められており、それぞれについて納税することを求められるのです。

◉——税金は「国税」と「地方税」に分けられる

それぞれの税金には、どこが課税して、どこの収入になるのかという違いもあります。**課税権が国にある税金が「国税」、地方公共団体にある税金が「地方税」**です。

地方税はまた、「道府県税」と「市町村税」に分けられます。ここで「都道府県」「市区町村」といわないのは、東京23区内では一部の税金の扱いが変わるからです。たとえば、固定資産税・都市計画税などは市町村税ですが、東京23区内では区税でなく都税になります。

¥ 「道府県税」と「市町村税」の例

道府県税の例

- 個人道府県民税
- 道府県民税利子割
- 道府県民税配当割
- 法人道府県民税
- 個人事業税
- 法人事業税
- 不動産取得税
- 自動車税（種別割）
- 固定資産税特例分
- 地方消費税
- 道府県たばこ税
- ゴルフ場利用税
- 軽油引取税

など

市町村税の例

- 個人市町村民税
- 法人市町村民税
- 固定資産税
- 軽自動車税
- 特別土地保有税
- 市町村たばこ税
- 事業所税
- 都市計画税
- 国民健康保険税
- 入湯税

など

市町村税のうち都税となるもの

- 固定資産税
- 特別土地保有税(※)
- 法人市町村民税
- 事業所税
- 都市計画税

※現在は課税停止中

4

税金は、どこからどれだけ集められている？

消費者である個人個人は、これだけの額の税金を払っている！

いろいろな税金は、どれくらいの額が集められているのでしょうか。

これは、国や地方公共団体の予算のうち、収入の部分（歳入）の内訳を見ればわかります。

左は、令和6年度の国の予算案をグラフにしたものですが、地方公共団体でも同様の内訳がホームページなどで公開されているはずです。

左のグラフを見ると、国の税金による収入（税収）の額が大きいのは、所得税、法人税、それに消費税になっています。**とくに消費税は、すべての税金の中で最大の額**です。

その理由はいうまでもなく、令和元年10月から実施された消費税率引上げにほかなりません。実は、平成30年に最大の額を集めていたのは所得税でしたが、追い抜いたのです。

個人の納める所得税と合わせると、歳入総額の40％近くになることを考えれば、私たち消費者である個人個人が日本の国の財政を支えていることがよくわかりますね。

国はどれだけ税金を集めている？

国の一般会計歳入額内訳 （令和6年度予算案）

公債金
34兆9490億円 • 31.2%

租税及び印紙収入
69兆6080億円
62.1%

特例公債
28兆3700億円 • 25.3%

所得税
17兆9050億円
16.0%

法人税
17兆
460億円
15.2%

一般会計
歳入総額
112兆717億円

• 5.9%

消費税
23兆8230億円
21.3%

その他収入
7兆5147億円
6.7%

公債金
6兆5790億円

その他の税　10兆8340億円　9.7%

相続税	3兆2920億円（2.9%）	石油石炭税	6060億円（0.5%）
揮発油税	2兆180億円（1.8%）	自動車重量税	4020億円（0.4%）
酒税	1兆2090億円（1.1%）	電源開発促進税	3110億円（0.3%）
関税	9170億円（0.8%）	その他の税収	1兆60億円（0.9%）
たばこ税	9480億円（0.8%）	印紙収入	1兆420億円（0.9%）

※構成比の合計は四捨五入のため「100%」になりません。
令和6年度予算政府案（令和5年12月22日閣議決定より作成）

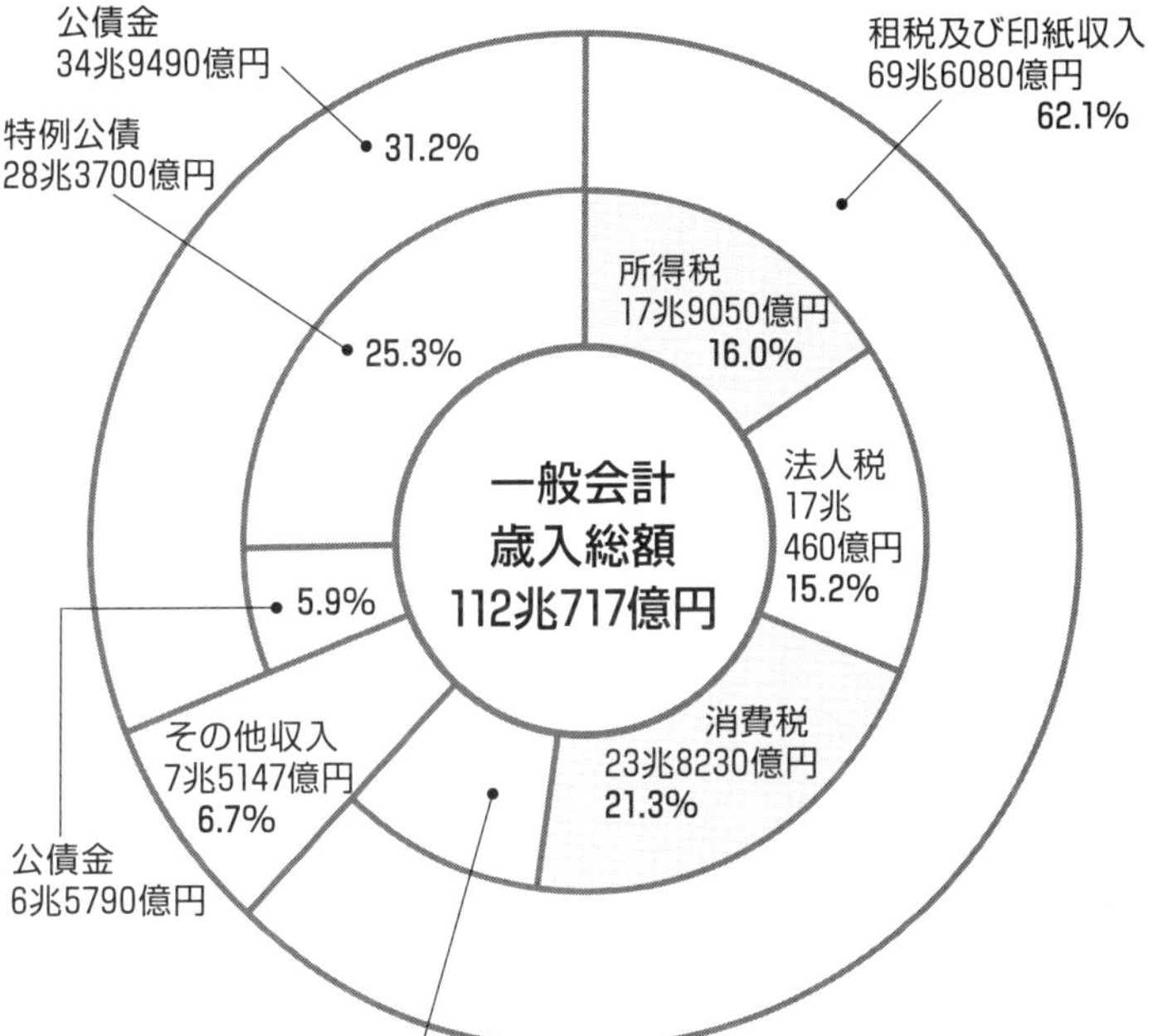

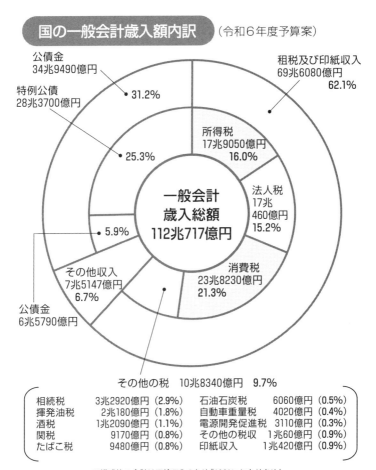

コラム

税金じゃないけど増税？　子ども・子育て支援金とは？

令和6年のある日、とある会社の経理部で、先輩女性社員のCさんが新聞を見ながら後輩のDさんに声をかけました。

「再来年から、医療保険の保険料に上乗せがあるんですって。給与計算とか変わるかもしれないから、覚えておいてね」

「えー、私たちの健康保険料も上がるんですか⁉　やだなー」

政府は「次元の異なる少子化対策」の財源として、公的医療保険料と併せて徴収する「支援金」の創設を進めています。この**子ども・子育て支援金で、初年度となる令和8年度には日本全体で6000億円、9年度には8000億円、10年度1兆円が徴収される計画**だそうです。

政府の試算によると、保険加入者1人当たりの支援金の見込み額は、協会けんぽの場合で被保険者1人当たり700円となっています。

「それって大増税じゃないですか⁉　税金じゃないけど」とDさん。

「そうだね、私たちは社会保険料がお給料から天引きされるから、税金と同じことだよね」

実際、野党は国会で「事実上の子育て増税」と政府を批判しました。令和6年度には所得税・住民税の定額減税もあり（→P13）、増税といわれたくないから医療保険料で徴収するのだろうともいわれています。

国民がどれだけ公的な負担をしているかを測り、社会福祉の充実度を示す「国民負担率」という指標がありますが、その計算でも税金とともに、社会保険料が「社会保障負担率」として計算に入れられます。

「やっぱり増税じゃないですか」とDさん。

「払いたくないなー……そうだ、保険料が上がる分、マイナポイントで還元したらどうですか？　健康保険料を払うたびにマイナポイントが付与されて、貯まるとお買い物や保険料の支払いができる、とか？」

「そんなこと、あるわけないでしょ」と、吹きだしそうになるCさん。

「ダメかなあ。そうしたら、みんな喜んで健康保険料を払うと思うんだけど」

本当に残念そうなDさんに、Cさん苦笑いです。

5 日本の税金は安い？　それとも高い？

データ上では諸外国に比べて税率は低いけれど……

私たちにとって「税金は高い！」というのが正直な実感ですが、データ上では必ずしもそうとはいえない結果になっています。

左の図は、国税庁が発表している主要諸外国との税金の比較です。所得税・住民税の負担水準、消費税（外国では付加価値税）の税率、ともに日本のほうが低いのです。

ただし、単純な税率の比較は実はあまり意味がありません。

というのは、**税金が高くても、たとえば医療費や、子供の教育にかかる費用などが安ければ、結果的に家計の支出は少なくて済む**からです。

ですから、**税負担が重いか軽いかは、納める税金と受ける行政サービスのバランスで判断しなければなりません**。要は、納めた税金が国民のために有効に使われていると、私たちが実感できるかどうかなのです。

日本の税金は高いの？

所得税・住民税の負担

（単位万円、日本については2023年分以降・諸外国については2023年1月現在）

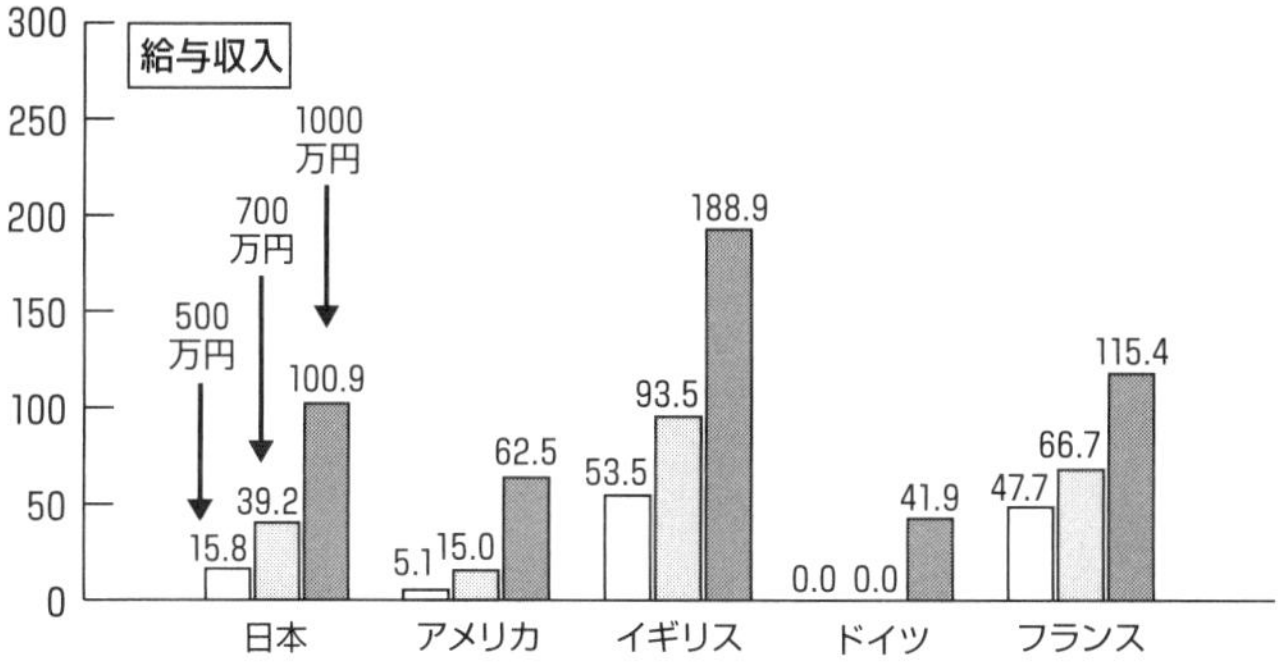

消費税（付加価値税）の税率

（単位%、2023年1月現在）

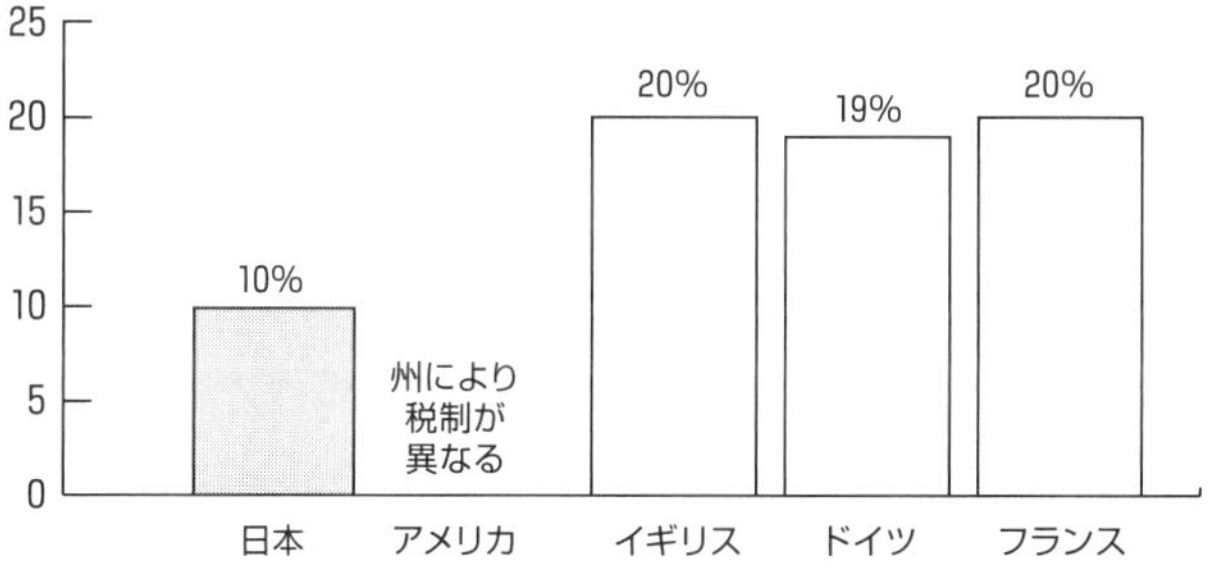

国税庁ホームページ「税の学習コーナー」学習・発展編（中学生向け）より作成（www.nta.go.jp）

税負担の軽重は、受けるサービスとのバランスで見ないと意味がない

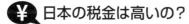

6

税金の額や種類はどうやって決めているのか？

すべての税金は「税法」と総称される法律で定められている

◉――「税法」とはどんな法律か？

税金はどうやって決まっているのでしょう。

日本国憲法第30条を思い出してみてください。――「国民は、法律の定めるところにより、納税の義務を負ふ」。税金は会費のようなもの（→P36）なので、ビジネス上の取引のように市場原理で価格が決まることはありません。

そこで、**国などの都合で勝手に増やしたり減らしたりされないよう、「法律の定めるところにより」課税することになっている**のです。これを租税法律主義といいます。

国は「所得税法」や「法人税法」など、すべての税金について法律をつくり、地方公共団体も「地方税法」によって課税しているわけですね。このような税金について定めた法律を総称して「税法」と呼ぶことにしています。税法は、左の図のような体系です。

まず、国税共通の基本的事項を定めた「国税通則法」があります。徴収の手続きについて

そもそも税法とは？

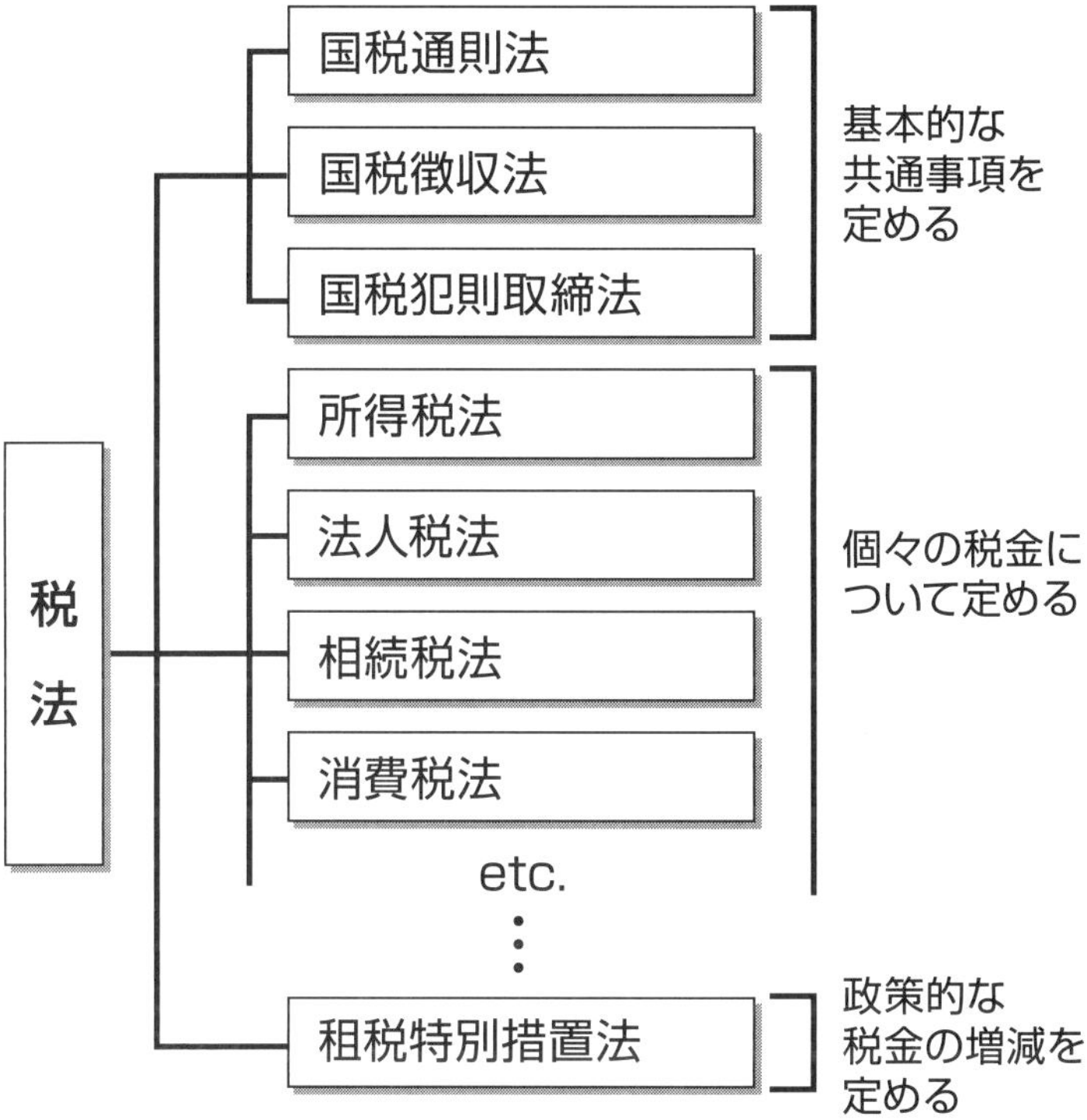
税法
国税通則法
国税徴収法
国税犯則取締法
基本的な
共通事項を
定める
所得税法
法人税法
相続税法
消費税法
etc.
個々の税金に
ついて定める
租税特別措置法
政策的な
税金の増減を
定める

税金に関する法律を
まとめて「税法」と
呼びます

は「国税徴収法」、脱税などの犯罪に対しては「国税犯則取締法」といった法律も定められています。これらの通則の上に、いわゆる税法――所得税法、法人税法、相続税法、消費税法、さらには酒税法、揮発油税法などの各税法が定められているわけです。

また、政策の手段として税金が使われる場合でも（→P42）、法律で定められていなくてはなりません。そのような目的でつくられている法律が**「租税特別措置法」**です。各税法に定めがある事柄でも、租税特別措置法に別の定めがあるとこれが優先されます。

いわば期限つきの例外なのですが、企業向けの減税については特定業界の既得権益になっているという批判もあります。

◉――「政令」「省令」、さらには「通達」もセットになっている

ただし、これらの法律は税金の基本的な部分だけを決めており、細部は「必要な事項については政令で定める」などとしています。

国会が決めた各税法について、内閣が定めるのが「政令（施行令）」、財務省が定めるのが「省令（施行規則）」です。

ひと口に税法といっても、最重要事項は法律、次に重要な事項は政令、それ以外は省令という形で、全体として「税金に関する法律のセット」になっているわけですね。

もっとも、**さらに細かい実務上の取扱いについては、国税庁が「基本通達」「個別通達」をつくり、全国の税務署などに対して法令解釈の統一をはかっています。**これは、一般に公開されていることもあって、実際の税務行政はこの通達を中心に動いています。

このような現状を、批判的な意味を込めて「通達行政」と呼ぶこともあります。

¥ 政令・省令・通達とは？

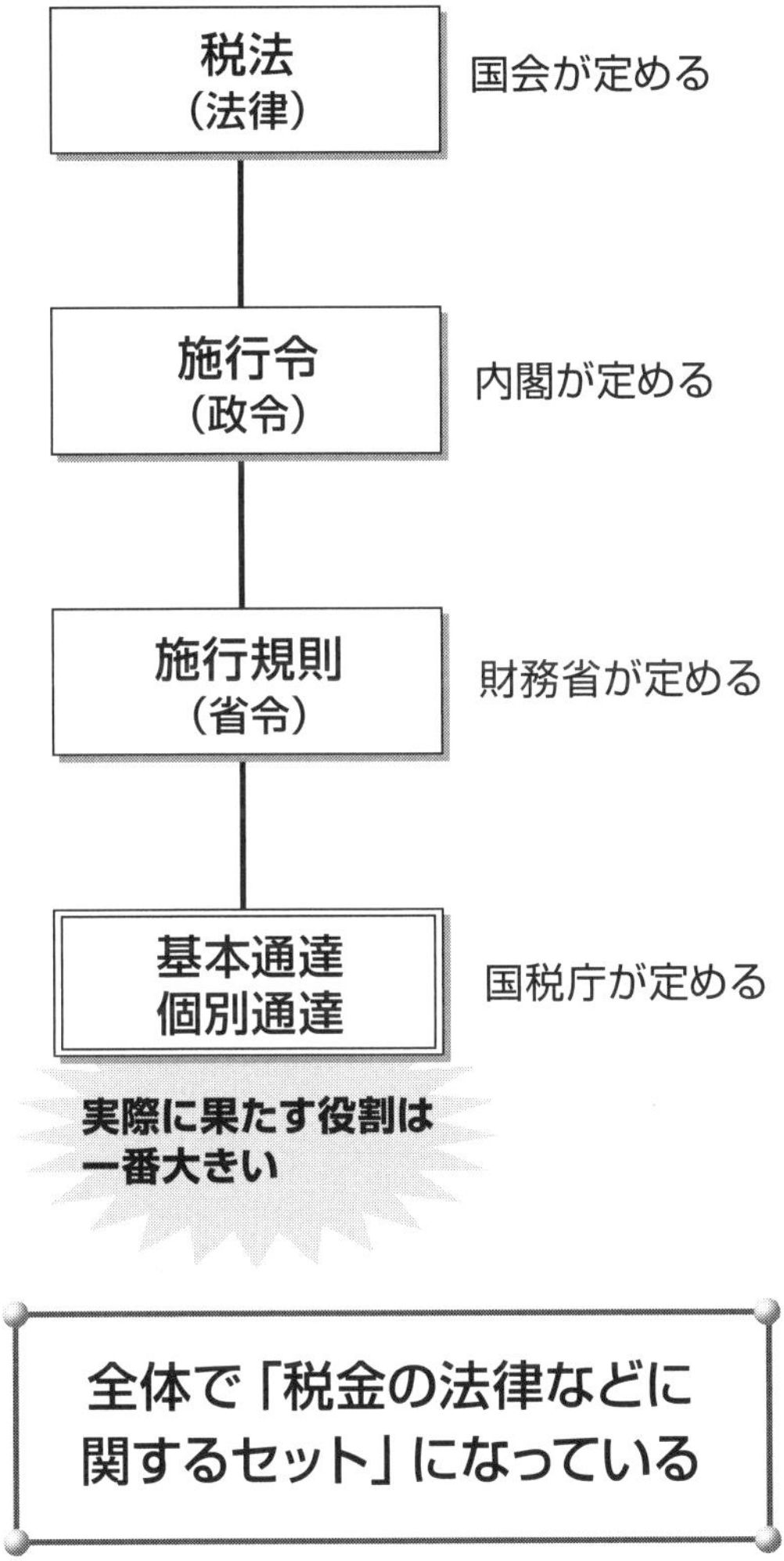
関するセット」になっている

7 ニュースでよく聞く「税制改正」って何だろう

例年12月頃に決定される「税制改正大綱」が、その年の税金の改正案

◉──税制改正はニュースになる前から始まっている

税法は、その年の予算に合わせて毎年、改正されています。通常、この**年度改正のことを「税制改正」といい、「令和○年度税制改正」という呼び方をします。**

税制改正は例年、前の年の12月頃からニュースになり始めますが、実はそれよりずっと早く動きは始まっているのです。

ひとつの動きは「税制調査会（政府税調）」で、総理大臣の諮問を受けて税制改正についての審議を始めます。

一方で、各省庁も4月から翌年度の税制改正の準備を始めます。なぜかというと、翌年度の予算の要求、「概算要求」の締切りが通常は8月にあり、その要求のためには財源である税金の要求、「税制改正要望」を省庁ごとに提出しなければならないからです。

さらに**秋からは「自民党税制調査会」も議論を開始し「与党税制改正大綱」をまとめます。**

「税制改正」で税法の内容が決まる

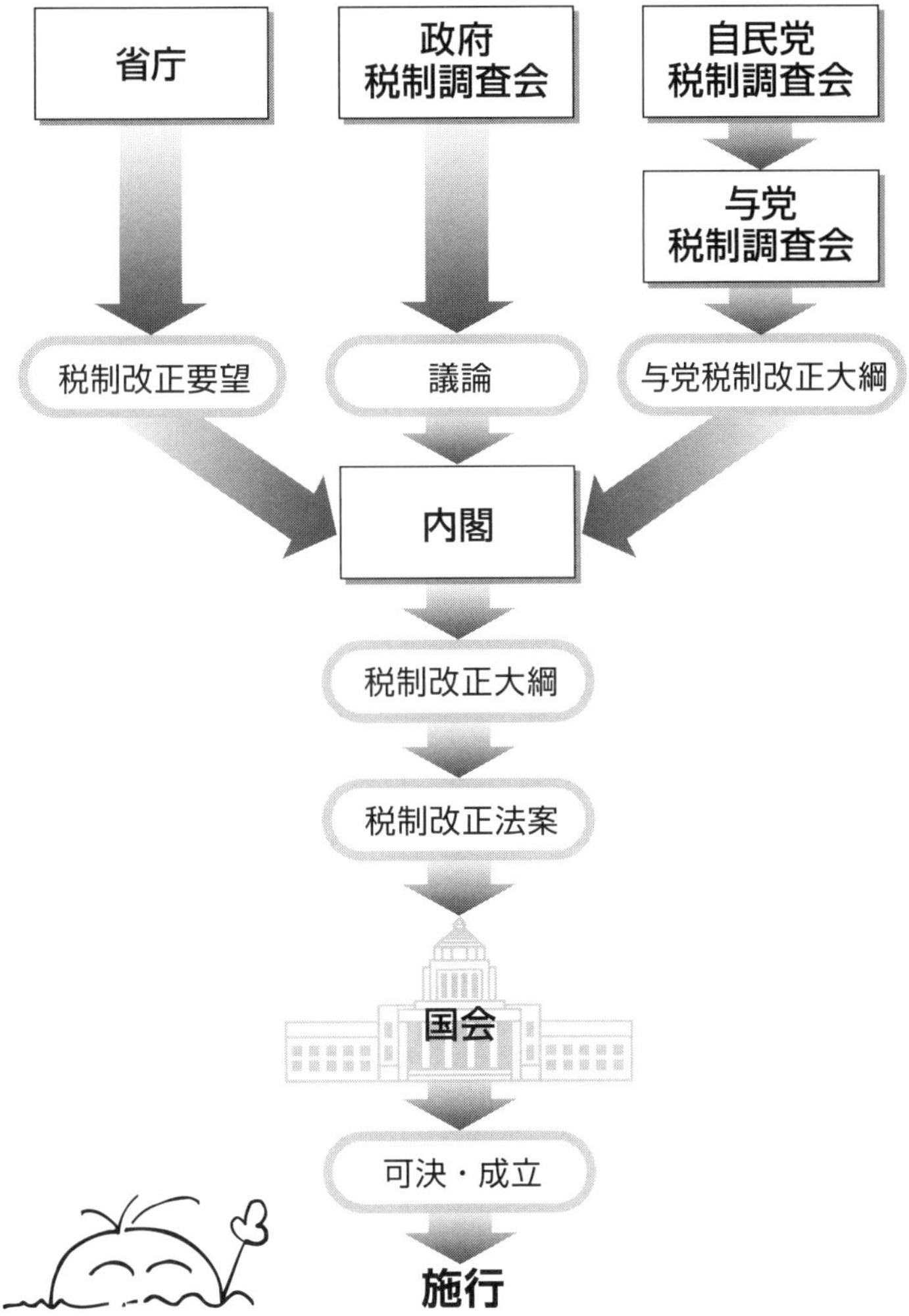

これらの意見や要望を受けて、12月頃に内閣が「税制改正大綱」を閣議決定します。これがいわば**税制改正案**です。

税制改正大綱の内容は、年が明けると税制改正法案として国会に上程され、審議の上、3月に可決・成立すると4月から施行というのが、だいたいのスケジュールになります。

◉——国民の投票が税制改正を決めている

このような中で大きな位置を占めてきたのが、実は「自民党税制調査会」です。自民党税調は党の政務調査会のひとつですが、税制改正の方向性を議論するだけでなく、各省庁や地方公共団体、さらには業界団体などとも調整して具体的な改正案を検討しています。

そして、連立を組む公明党とも調整の上、**12月の早い時期に「与党税制改正大綱」をとりまとめます**。内閣はそれをもとに、「税制改正大綱」を決定しているというわけです。

もっとも、以上のようなプロセスでも内実はしばしば変化します。たとえば、自民党税調はかつて、税制に精通した「インナー」と呼ばれる大物の国会議員を中心に構成され、首相でさえ口を出せない「聖域」とされていました。

しかし近年は**首相官邸の影響力が強まり、税制改正大綱にも官邸の意向が強く反映されているといわれます**。

決定のプロセスは同じでも、内実はつねに変化しているのです。

このような変化を引き起こしているのは、何回かの選挙で自民党一強政権を可能にしてきた国民の投票行動にほかなりません。ですから、税制改正の内容を誰が決めているかといえば、税調でも政府でも国会でもなく、**結局は国民の一票一票が決めている**といえます。

¥ 税制改正のスケジュール（通常）

4月	
	政府税調初会合
8月	概算要求 締切り 税制改正要望 提出
	自民党税調 議論開始
12月	与党税制改正大綱 とりまとめ 税制改正大綱 閣議決定
1月	税制改正法案 国会上程
3月	可決・成立
4月	施行

税制改正の
決定プロセスは
内実が変化している

8 税金は、どこにどうやって納めるのか？

税金によって、納める方法も申告の窓口も違う

税金の納め方には2つの方法がある

税法で定められた税金を、私たちはどうやって納めるのか。これについては、税金の種類によって2つの方法があります。**1つは、所得税や法人税などのように、直接、私たちが手続きをして納める「直接税」**です。

もう1つは、モノなどを買ったときに、実はその値段の中に税金が含まれていて、間接的に納めたことになる「間接税」です。消費税や酒税、ガソリンの価格に含まれている揮発油税などが代表的ですね。

納める額についても、税金の種類によって自分で計算するものと、税務当局が計算してくれるものがあります。所得税・法人税・消費税などは、自分で計算して申告するやり方です（**申告納税**）。これに対して、固定資産税や自動車税などは、自分で何もしなくても納税通知書が送られてきます。税務当局が計算して割り当ててくるのです（**賦課《ふか》課税**）。

税金の納め方と申告方法

直接税

税を負担する人
＝
税を納める人

所得税、法人税、
相続税など

間接税

消費者が
税を負担
≠
販売業者が納税

消費税、酒税、
たばこ税など

申告納税

自分で
計算して申告

所得税、法人税、
消費税など

賦課課税

税務当局が
計算して通知

固定資産税、
都市計画税、
自動車税など

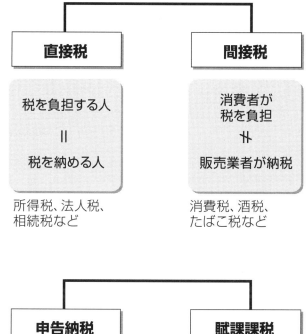

◉——税金に関わる機関にはどんなところがあるのか？

申告納税にしても賦課課税にしても、実際には「銀行や郵便局などの金融機関」に納めるというのが正解です。税務署は直接、納税を受けつけるわけではなく、申告の受けつけや納税通知書の作成といった事務を行なっています。

現在、**全国に５２４の税務署があり、管轄する地域の税金を割り当てる業務（賦課）と、取り立てる業務（徴収）にあたっています**。また、税務署の上には全国11局の国税局と沖縄国税事務所、さらに国税庁があり、税務署に対する指揮監督を行なっています。

国税局は大規模法人や大口滞納者、大口脱税者、外国法人に対する賦課・徴収など、国税庁は通達の作成や、全般的な税務行政の執行も仕事です。税法の企画立案などは、財務省の主税局などが行ないます。

税務署とは別に、各都道府県に「都道府県税事務所」、市区町村には「税務課」があって、地方税の事務を行なっているのはこちらです。ですから、ひと口に税金の申告といっても、法人税は税務署、道府県民税は税事務所、市町村民税は税務課と、窓口が変わります。

最近はインターネットを利用して国税の申告などをする「ｅ‐Ｔａｘ（イータックス）」、地方税の窓口になる「ｅＬＴＡＸ（エルタックス）」の利用も一般的になりました（↓巻末❶）。インターネット上で、クレジットカードを使って国税を納付できる制度もあります。

税金に関わる機関

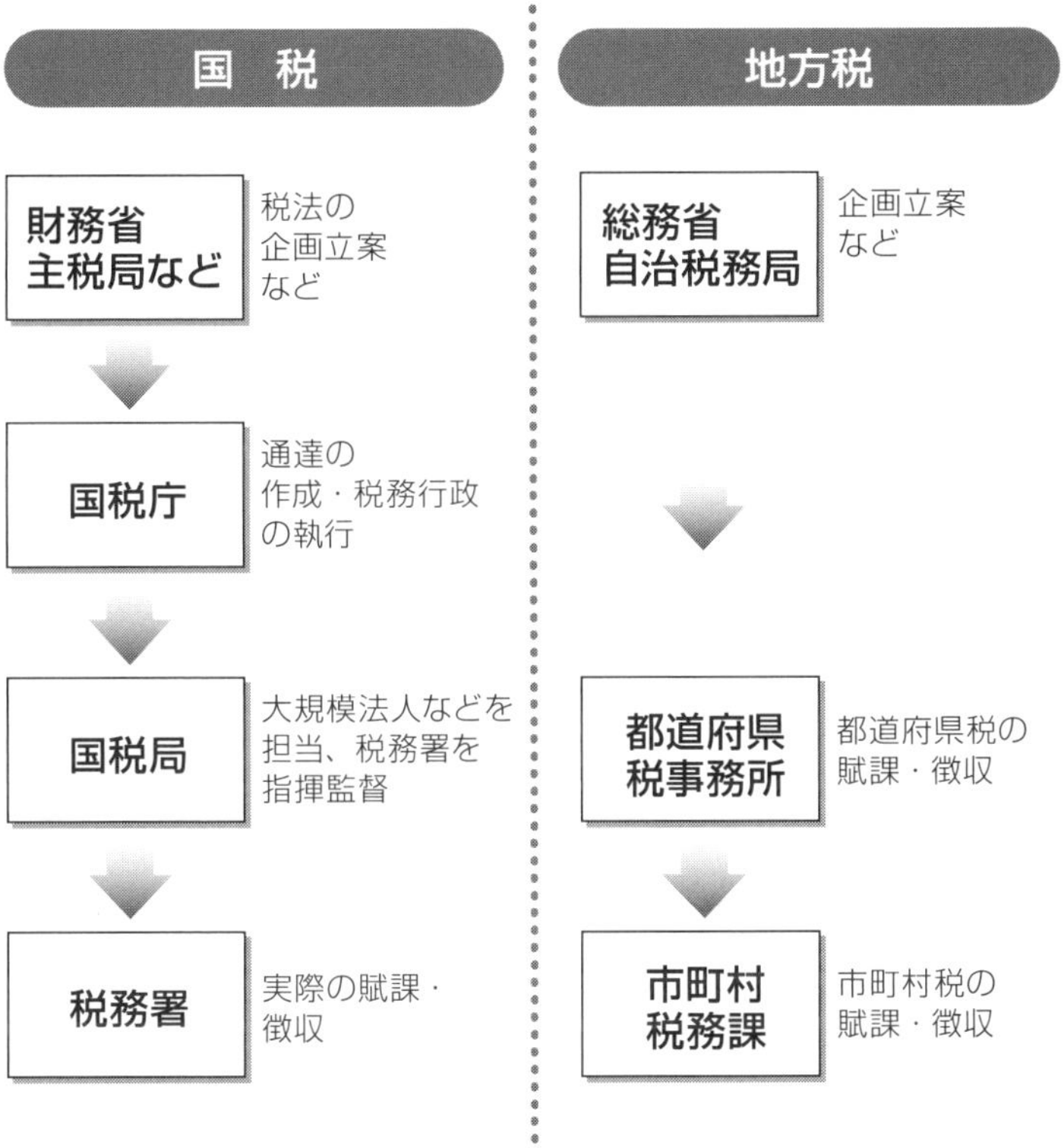
国　税
地方税
財務省
主税局など
税法の
企画立案
など
国税庁
通達の
作成・税務行政
の執行
国税局
大規模法人などを
担当、税務署を
指揮監督
税務署
実際の賦課・
徴収
総務省
自治税務局
企画立案
など
都道府県
税事務所
都道府県税の
賦課・徴収
市町村
税務課
市町村税の
賦課・徴収

窓口が違うので
要注意です！

9 税金を納められなかったら、どうなるのか？

納税猶予などの制度もあるが、ほうっておくと財産の差押えもある

◉――納税猶予、延納・物納ができる場合とは？

いったん課税された税金を、納めなくていいことにしてくれるという制度はありません。納付を待ってくれる制度はありますが、これも特別な事情がある場合だけです。

災害などで大きな損害を受けた場合や、納税者や家族などが病気にかかった場合など、特殊な事情で税金の納付が困難な場合に、税務署長の許可で「納税猶予」を受け、1年以内の期間の分割納税が認められるのです。この場合、延滞税（↓P68）は全額または半額免除されますが、原則的に担保が必要です。

また、相続税では、原則5年以内に分割して納める「延納」、モノで納める「物納」の制度がありますが（↓P173）、ほかの税金では認められていません。

そこで、期限までに完納できないと、50日以内に督促状が届き、さらに10日経過すると、財産の差押えなど滞納処分の手続きが行なわれることになります。

税金を納められないとこうなる……

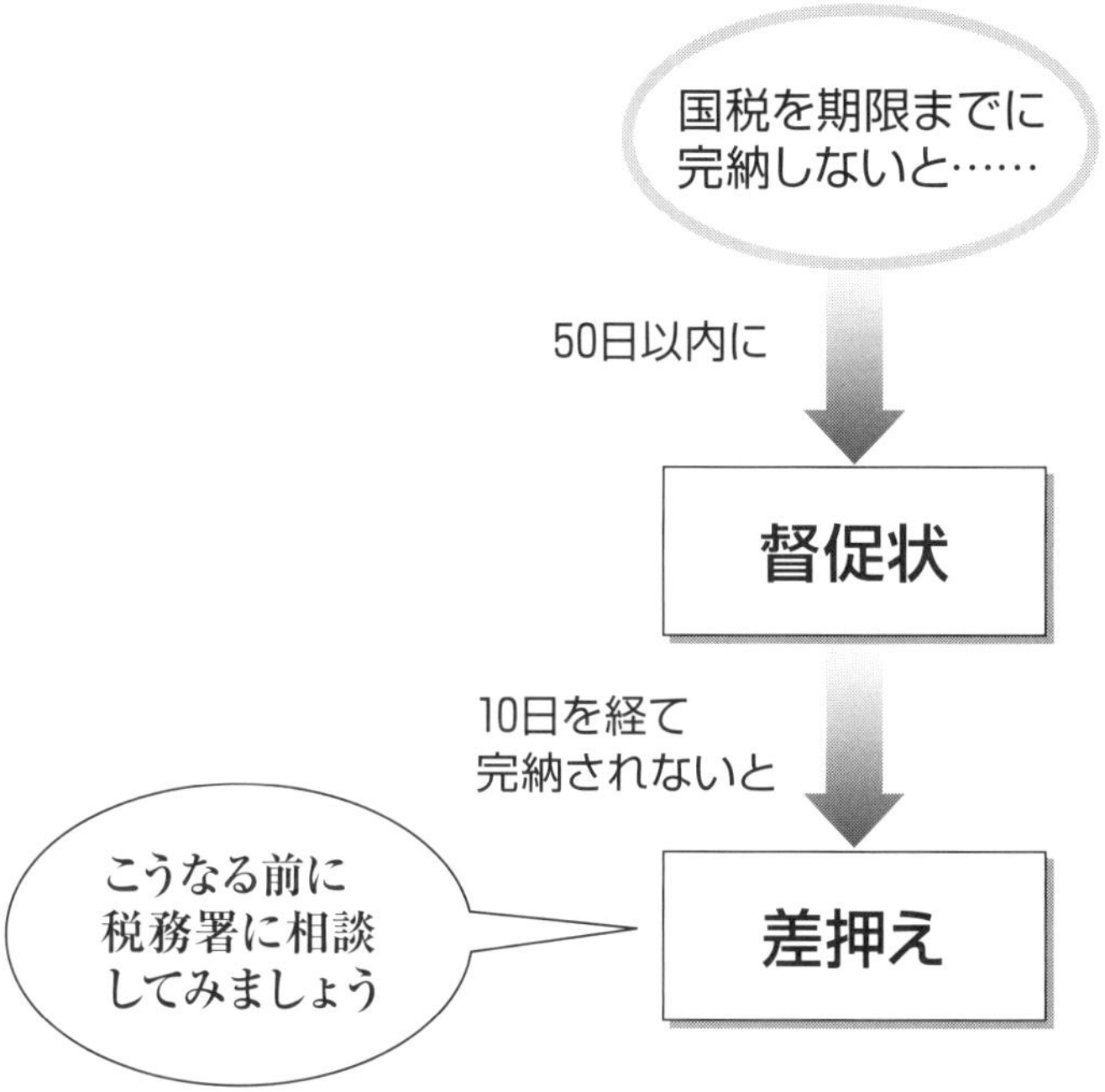
国税を期限までに完納しないと……
50日以内に
督促状
10日を経て完納されないと
差押え
こうなる前に税務署に相談してみましょう

納税猶予とは？

税務署長の許可で、納税が猶予されることもある

（税金を1年以内に分割納付でき、延滞税の全額または半額が免除される）

◉——脱税には、懲役もしくは罰金プラス重加算税・延滞税も！

法人税や所得税は申告納税ですが、申告納税制度をきちんと機能させるための調査が行なわれ、脱税などは厳しくチェックされます（税務調査→巻末❺）。

税法には「脱税」という用語は出てきませんが、**不正行為で税金を逃れようとすると、法人税法違反、所得税法違反、相続税法違反などで処罰される**ことになります。

その罰則規定は意外に厳しく、10年以下の懲役もしくは１０００万円以下の罰金です。

さらに、たとえば所得隠しの場合、ペナルティーの意味で35％または40％と高率の「重加算税」がかかります。さらに、損害遅延金にあたる「延滞税」が原則として年７・３％または14・６％。その上に本来の税金も納めなければならないのです。

いわゆる**申告漏れで修正申告をしたり、税務署から正しい納税額を通知される「更正」の処分を受けた場合も、原則10％の「過少申告加算税」**がかかります。

もし、期限内に申告をしないで、納税額を通知される「決定」の処分を受ければ、原則15％または20％の「無申告加算税」です。これらの期限後申告などが5年以内に繰り返された場合は、無申告加算税、重加算税がさらに10％加算されます。

ただし期限内に申告漏れなどに気がついた場合は、提出後でも訂正ができます。

脱税・申告漏れをするとこうなる……

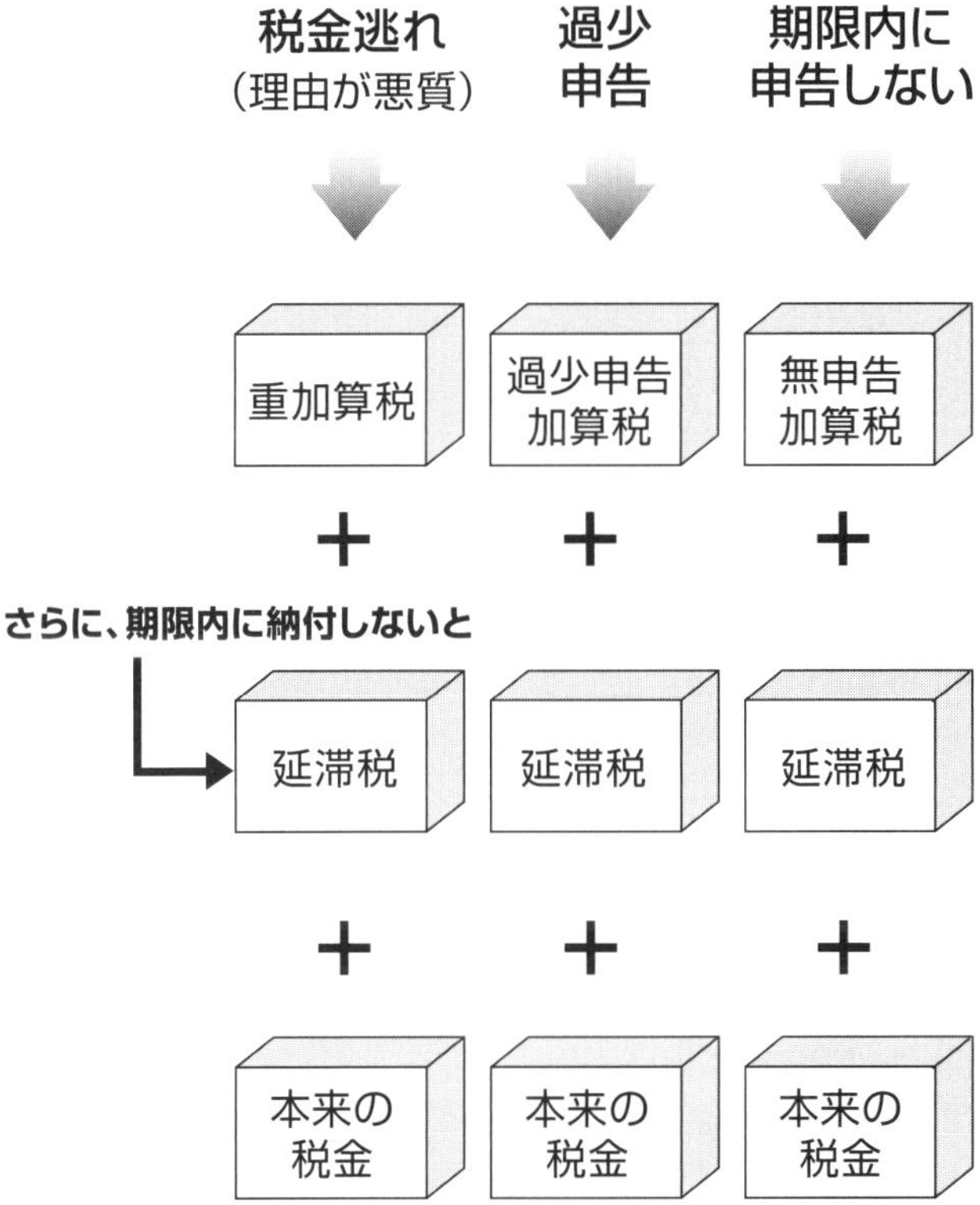

所得税法違反・法人税法違反などに問われると、さらに10年以下の懲役、もしくは、1000万円以下の罰金！

10 税金を納め過ぎたらどうなるのか？

5年以内に更正の請求をすれば、税金を戻してもらえる⁉︎

◉──サラリーマンの医療費控除などは5年前までさかのぼれる

申告漏れでなく、逆に多く申告してしまったときは、一定の手続きをすれば税金を戻してもらえます。申告期限から原則5年以内に、「更正の請求」手続きを行なえばよいのです。還付金額を少なく申告した場合も、更正の請求により正しい還付金額にしてもらえます。

とくに、**給与所得者の医療費控除や雑損控除などについては、確定申告をすれば5年前までさかのぼって還付を受けられる**ので覚えておきましょう。

相続税についても、納付した税額が後で過大になった場合の特則があります。

◉──納得できなければ税務署に異議（不服）申立てもできる

もし、税務署の処分に納得できないというときは、税務署に異議申立てができる制度があります。その結果に不服なら「国税不服審判所」に審査請求もできます。

その裁決に不服という場合は、３カ月以内に裁判所に対して訴えを提起する道もあります。

納め過ぎは戻してもらえる

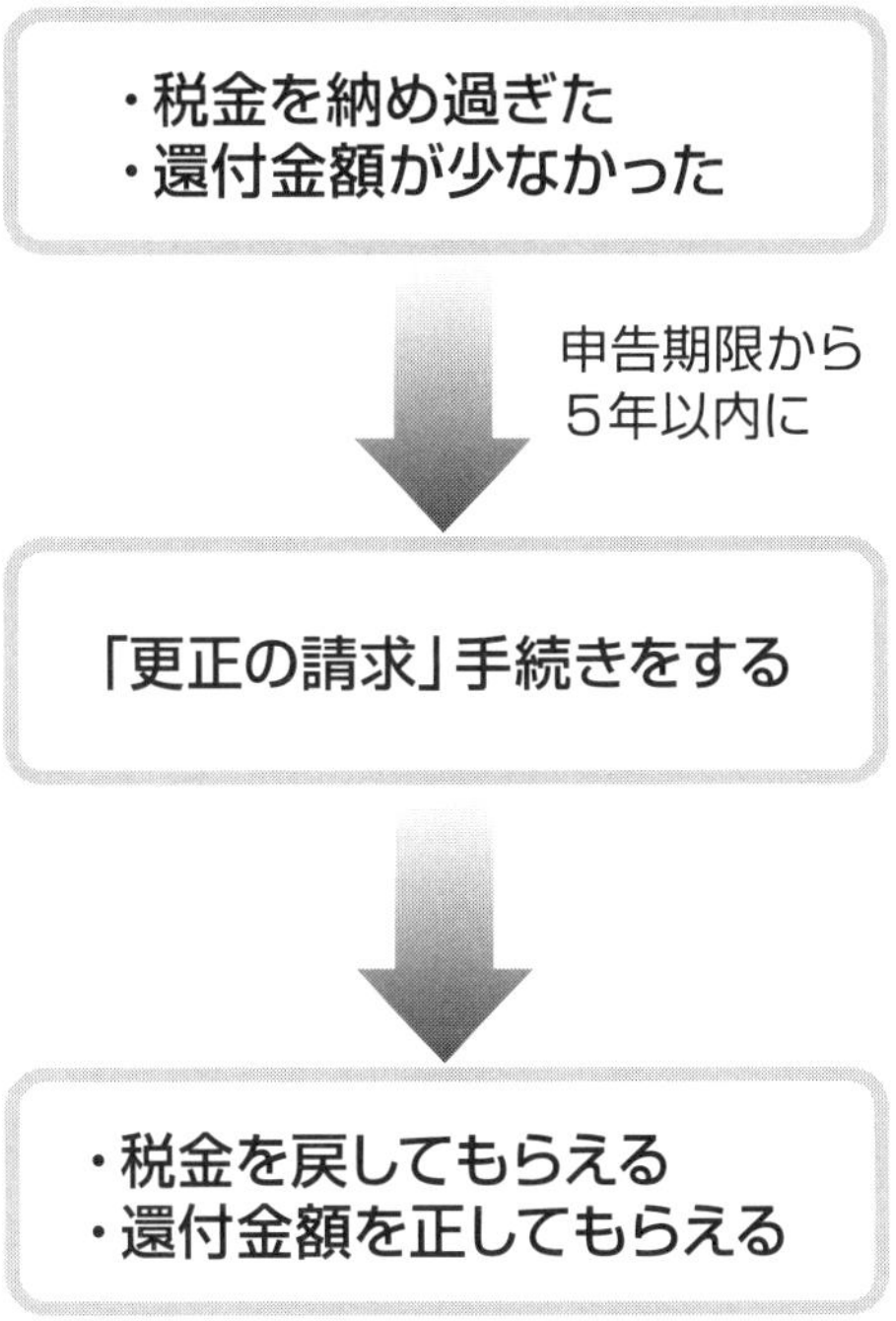
・税金を納め過ぎた
・還付金額が少なかった
申告期限から
5年以内に
「更正の請求」手続きをする
・税金を戻してもらえる
・還付金額を正してもらえる

給与所得者の医療費控除や
雑損控除は、5年前まで
さかのぼって還付を
受けられます

コラム

こんなに税金とって、何に使ってるんだ⁉

令和5年6月のある日、経理部の後輩社員Dさんが給与明細を見ながら怒っています。

「何でお給料が減っちゃうのよ！　税金の天引き⁉　ふざけんじゃないわよ！　こんな少ないお給料から、よけいに税金とってどうするの！」

隣の席のCさんが、見かねてなだめにかかりました。

「まあまあ。Dさんは入社2年目だから、所得税に加えて住民税の天引きが始まったのね。住民税は、去年の所得に対してかかって、翌年の6月から徴収が始まるのよ（→P108）。Dさんは去年1年目だったから、前年の所得がなくて住民税がかからなかったの」

「そ、そうなんですか？　**それにしても、こんなに少ないお給料まで税金とって、いったい何に使ってるんだ⁉**」

「税金を何に使ってるかだって？」

そこを通りかかったAさんが口をはさみました。Aさんは会社の顧問税理士です。

「いい質問だね。税金を何に使ってるか、興味を持つのはいいことだ。それは、歳出を見ればわかるよ。ほら、グラフで見ると、こんな感じだ（左図）」

国の一般会計歳出内訳 （令和6年度予算案）

国債費
27兆90億円
24.1%

利払費等
9兆6910億円
8.6%

債務償還費
16兆9417億円
15.1%

一般歳出
67兆2764億円
60.0%

社会保障関係費
37兆7193億円
33.6%

一般会計
歳出総額
112兆717億円

地方交付税
交付金等
17兆7863億円
15.9%

0.9%

7.7%

4.9%

5.4%

7.1%

防衛関係費
7兆9172億円

原油価格・物価
高騰対策及び賃
上げ促進環境整
備対応予備費
1兆円

文教および
科学振興費
5兆4716億円

公共事業関係費
6兆828億円

その他　8兆5854億円

食料安定供給関係費	1兆2618億円 (1.1%)	恩給関係費	771億円 (0.1%)
エネルギー対策費	8329億円 (0.7%)	その他の事項経費	5兆7402億円
経済協力費	5041億円 (0.4%)		(5.1%)
中小企業対策費	1693億円 (0.2%)	予備費	5000億円 (0.4%)

※構成比の合計は四捨五入のため「100%」になりません。
令和6年度予算政府案（令和5年12月22日閣議決定より作成）

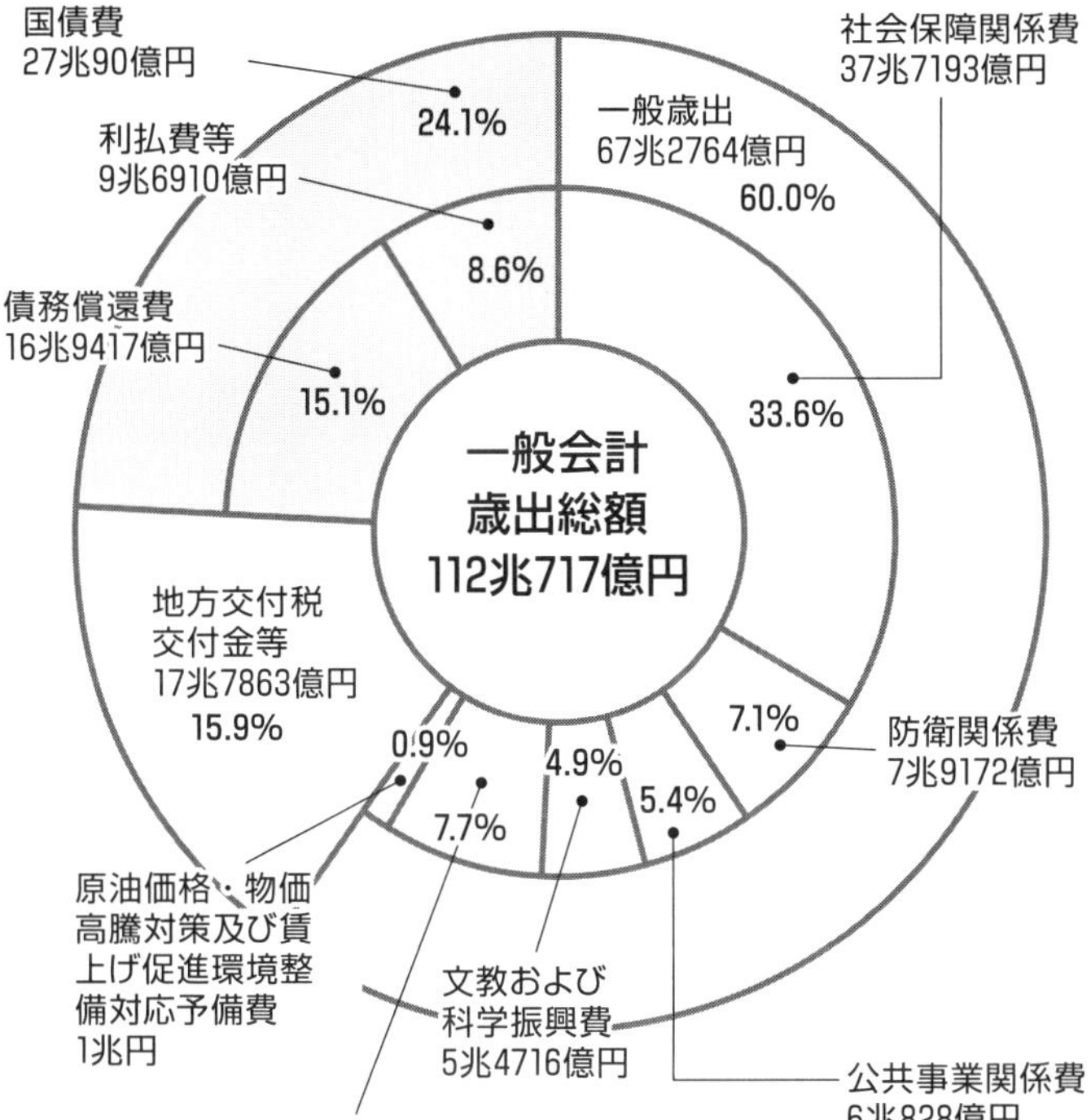

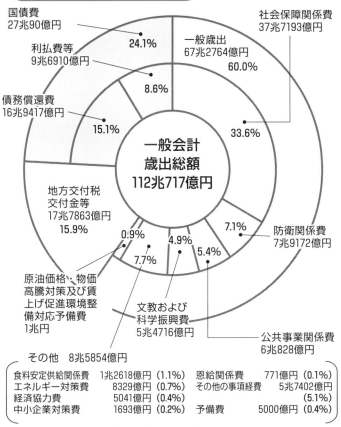

「これは、49ページの国の歳入に対応する歳出の予算案。歳出総額と歳入総額がピッタリ一致しているのがわかるでしょ。Dさんが怒っている住民税は地方税だから、国の歳入・歳出には入ってないけど、それは住んでる市や県のホームページなどで見てね」

国の歳出を見ると、社会保障関係費の約38兆円、約34％が突出して大きいことがわかります。社会保障関係費の財源としては、消費税の全額を充てることが法律で定められていますが（→P186）、とても足りていません。49ページのグラフを見ると、消費税の税収は約24兆円、残り約14兆円は他の税金を充てている勘定です。

そのほか、地方交付税等の約16％、防衛関係費の約7％などが目立ちます。原油高・物価高対策、賃上げ促進などのお金も増えました。

「でも、社会保障関係の次に大きいのは国債費の約24％だね。これは国債の返済額と利子の支払額、要するに国の借金の返済だ。もっとも、歳入で見ると約31％が公債金、つまり借金の借入れだから、返済額が大きくなるのも当然だね」

「入ってくるお金の3割が借金で、出ていくお金の2割以上が借金の返済⁉　たいへん！私だったらとても生活できないわ！」とDさん。

CさんとAさん、顔を見合わせて笑っています。

第2章

個人の「所得」に関わる税金とは？

所得税・住民税など

個人が納める所得税や住民税は、どんなしくみになっていて、税額計算や納税方法はどうなっているかを知っておこう。

1

10種類の「所得」とは？

所得の種類によって、課税のされ方も違う

所得税は、簡単にいうと、個人の「稼ぎ」に対してかかる税金です。その稼ぎのことを、税法では「所得」と呼ぶので、所得税という名前がついています。

もっとも、**個人が稼ぐといっても、会社に勤めて給料をもらったり、自分で事業を起こしたり、株の売買で利ざやを稼いだりと、いろいろな稼ぎ方があります。**

そこで、所得税が課税される所得も、左の図のような10種類に区分されています。

この10種類の所得は、所得の種類によって全額が課税の対象になったり、2分の1しか課税対象にならなかったりと、違いがあるのです。たとえば退職金は、退職という事情を考慮して、通常の所得の2分の1を「退職所得」とする計算になっています（↓P80、107）。

ですから、**所得金額を計算するときは、全部の収入を合計するのではなく、まず10種類の区分ごとに決められた方法でそれぞれの所得を計算**します。そして、合算できるものは合算し、分けて計算するものは分けて、所得金額を計算することになっています（↓P92）。

¥ 10種類の所得

利子所得 預貯金や公社債の利子など →P220

配当所得 株式の配当金、証券投資信託の分配金など →P220

不動産所得 マンションや駐車場の賃貸料など →P218

事業所得 製造業や販売業、サービス業等の所得など →P148

給与所得 給料や賞与など →P96

退職所得 退職金など →P106

山林所得 山林の伐採や譲渡による所得など →P226

譲渡所得 販売用以外の資産の譲渡による所得など →P212

一時所得 満期の保険金、馬券の払戻金など →P226

雑所得 上記のいずれにも該当しないもの →P226

2 所得税は、どのように計算するのか？

「（所得金額－所得控除）×税率」が基本的な計算方法

まず収入の金額から費用などを差し引く

所得税は、1月1日から12月31日までの暦年の所得に対して課税されます。といっても、1年間の収入の金額からそのまま所得税の額を計算するわけではありません。

大ざっぱにいうと、**まず収入から、その収入を得るために使った費用などを差し引いて、「所得金額」を計算**します。次に、その人や家族の状況、あるいは災害や病気などを考慮した15種類の「所得控除」を引いて、「課税所得金額」を求めます。

この**課税所得金額に税率を掛ける**というのが、10種類の所得に共通した所得税の基本的な計算なのです。

ただし、費用などは何でも収入から差し引けるわけではなく、所得の種類ごとに決まっているので注意が必要です。また、所得によっては特別な控除が認められるなど、実際の計算は少し複雑になります。

¥ 所得税の基本的な計算式は？

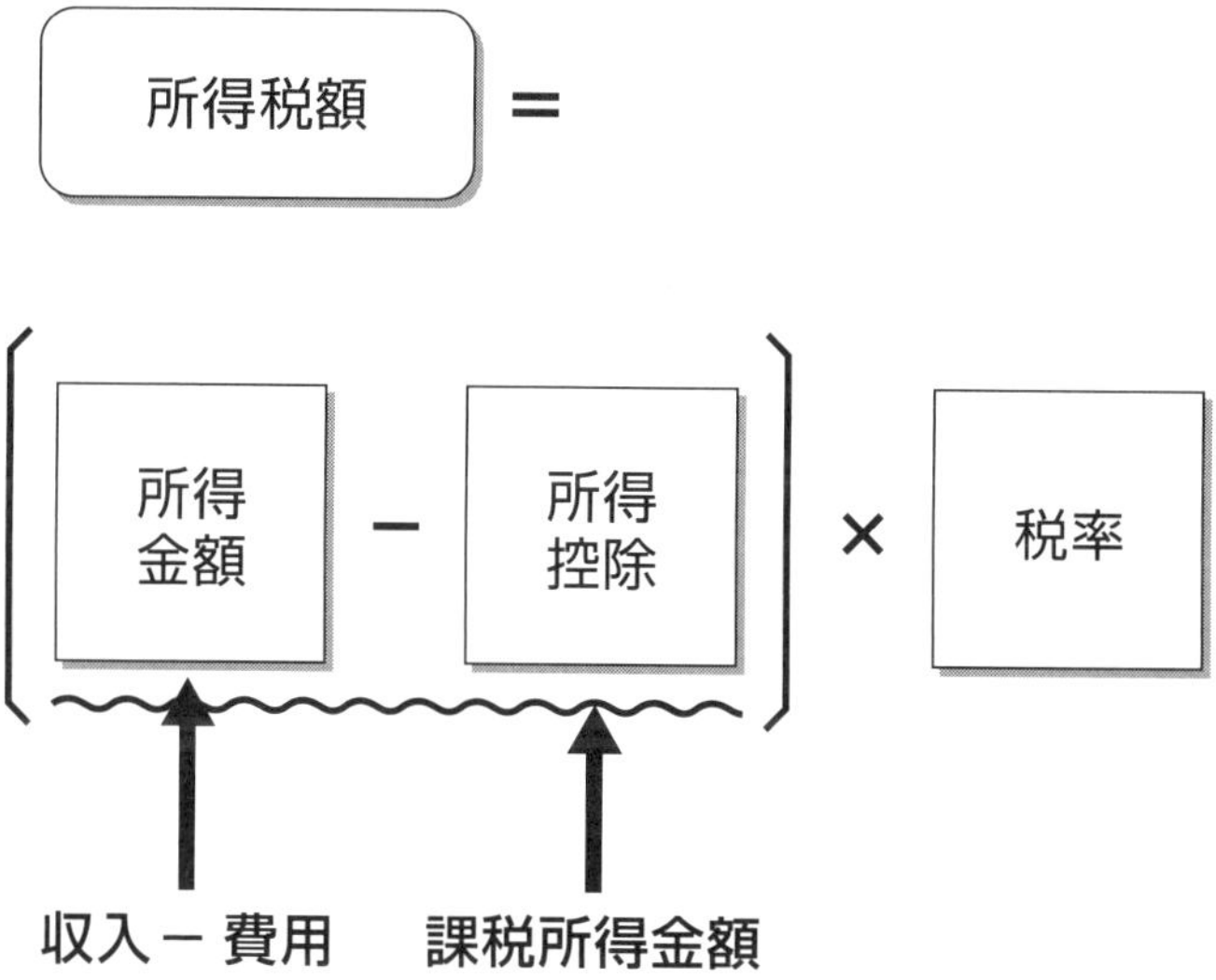

収入の性質などによって、税金を負担する能力には差があると考えられるので、より適切な課税をするために複雑なしくみになっているわけです。

◉——所得金額はこうやって計算する

ここで、所得税の計算のもとになる所得金額ですが、まず各所得の実際の収入からどのようにして計算されるのか、全体像をつかみましょう。左の図を見てください。

まず、収入から必要経費を差し引くのが、不動産所得、事業所得、山林所得、公的年金等以外の雑所得です。配当所得から差し引く負債の利子、譲渡所得の取得費・譲渡費用、一時所得の支出金額なども、必要経費的なものといえるでしょう。

そのような**必要経費が認められない所得では、代わりに一定割合が控除**されます。給与所得控除、退職所得控除、公的年金等控除は、そのような性質の控除です。

また、山林所得、譲渡所得の一部、一時所得では、経費などを差し引いた上に、特別控除が認められます。

さらに、退職所得、譲渡所得の一部、一時所得では、原則として控除後の金額の2分の1を課税対象額にするという特別な優遇も受けられるのです。

それぞれの所得金額の計算方法

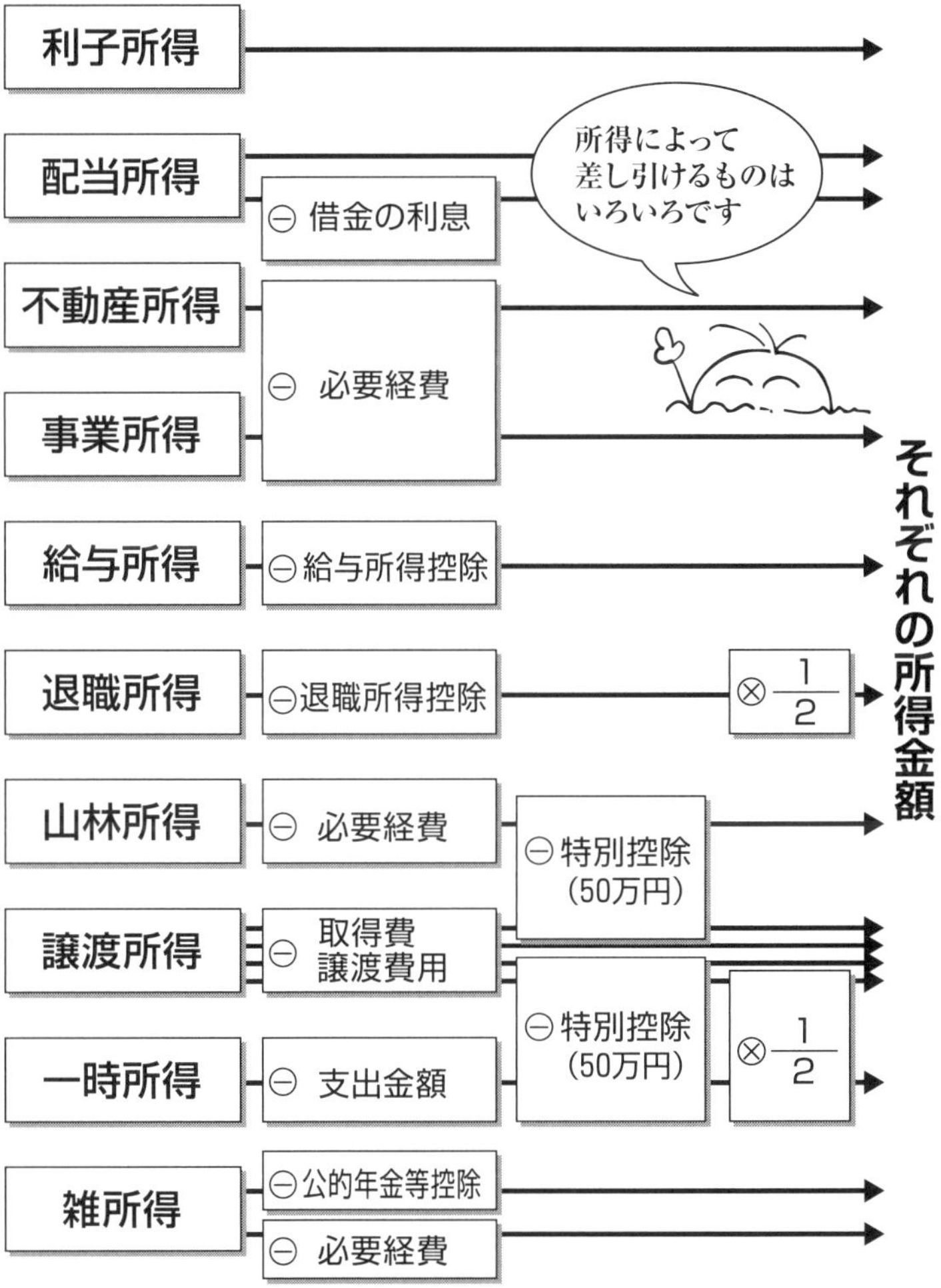

3 「所得控除」って何だろう

個人の事情に応じて15種類もの所得控除がある

◉——該当する人が多いのは、基礎控除・配偶者控除・扶養控除など

所得税が法人税と大きく違うのは、個人の事情に応じて「所得控除」があることです。

法人税では基本的に、所得の額に税率を掛けて税額が決まります。しかし**所得税は、所得の額からまず所得控除の分を引いて、残りの課税所得金額に税率を掛ける**のです。当然、控除された分、税額が減ることになりますね。

所得控除とは、その人や家族の状況、災害や病気といった個人の事情によって、税の負担を軽くする制度なのです。内容をよく知って、受けられるものは漏れなく受けましょう。

所得控除は、全部で15種類です。まず、所得が少ない人に重い税負担がかからないよう、課税最低限を保障するものとして「基礎控除」「配偶者控除」（または「配偶者特別控除」）「扶養控除」（→P86）があります。

次に、個人の事情を考慮して税負担を軽くするものとして、「障害者控除」「寡婦控除」

¥ 所得控除額はいくら？（1）

基礎控除、配偶者控除、扶養控除

区分		控除額
基礎控除（所得者本人について一律に控除される）		所得による
配偶者控除	一般の控除対象配偶者	
	70歳以上の老人控除対象配偶者	
扶養控除	16歳以上の一般の控除対象扶養親族	38万円
	19歳以上23歳未満の特定扶養親族	63万円
	70歳以上の同居老親等以外の老人扶養親族	48万円
	70歳以上の同居老親等の老人扶養親族	58万円

※令和２年分から
※基礎控除、配偶者控除には所得制限があります（→P86）

配偶者特別控除

配偶者の合計所得金額	控除を受ける人の合計所得金額		
	900万円以下	900万円超950万円以下	950万円超1000万円以下
48万円超95万円以下	38万円	26万円	13万円
95万円超100万円以下	36万円	24万円	12万円
100万円超105万円以下	31万円	21万円	11万円
105万円超110万円以下	26万円	18万円	9万円
110万円超115万円以下	21万円	14万円	7万円
115万円超120万円以下	16万円	11万円	6万円
120万円超125万円以下	11万円	8万円	4万円
125万円超130万円以下	6万円	4万円	2万円
130万円超133万円以下	3万円	2万円	1万円

※令和２年分以後の控除額

「ひとり親控除」「勤労学生控除」があります。障害者控除は本人または配偶者、扶養親族が該当する場合に受けられ、それ以外は本人が該当する場合に受けられる控除です。ひとり親控除は、未婚のひとり親にも適用されます。

さらに、社会政策上の必要性から「社会保険料控除」「小規模企業共済等掛金控除」「生命保険料控除」「地震保険料控除」「寄附金控除」があり、災害や病気に遭った人の税負担を軽くする「雑損控除」「医療費控除」（→P88）もあります。

◉基礎控除は10万円の引上げになっているが……

このような所得控除ですが、令和2年分からは大きな見直しが行なわれています。

まず**基礎控除は、以前の38万円から48万円に10万円引き上げられました**。その代わり、給与所得控除（→P96）と公的年金等控除（→P227）が10万円引き下げられています。

ただし基礎控除は、合計所得金額に応じて控除額が減り、合計所得２５００万円超ではゼロになります（→P86）。また、公的年金等控除には新しく上限が設けられ、公的年金等以外の収入額と合わせて控除額が決まるしくみに変わりました。給与所得控除の上限も引下げです。

全体として、**基礎控除額の引上げによってフリーランスなど多様な働き方を後押しし、その一方で、所得の多い人にはより高い税負担を求めるしくみ**になっています。

¥ 所得控除額はいくら？（2）

障害者控除、寡婦控除、ひとり親控除、勤労学生控除

区分		控除額
障害者控除	一般の障害者	27万円
	特別障害者	40万円
	同居特別障害者	75万円
寡婦控除	一般の寡婦	27万円
ひとり親控除	一定の条件を満たすひとり親	35万円
勤労学生控除		27万円

社会保険料控除、生命保険料控除、地震保険料控除など

区分	控除額	
社会保険料控除	実際に支払った金額の全額	
	給与や年金から差し引かれた金額の全額	
小規模企業共済等掛金控除	実際に支払った掛金の全額	
生命保険料控除	新生命保険料	最高4万円
	介護医療保険料	最高4万円
	新個人年金保険料	最高4万円
地震保険料控除	地震保険料	最高5万円
	旧長期損害保険料	最高1万5000円
寄附金控除	特定寄附金の合計額－2000円　など	

※平成23年12月31日以前に締結した保険契約（旧契約）では、旧生命保険料、旧個人年金保険料の控除額がそれぞれ最高５万円。生命保険料控除は全体の適用限度額が12万円となります。

雑損控除、医療費控除

区分	控除額
雑損控除	（差引損失額）－（総所得金額）×10%　など
医療費控除	最高200万円

4 配偶者や親族がいる場合の控除とは？

合計所得が48万円以下の配偶者・扶養親族がいると控除の対象になる

所得控除の中でも「基礎控除」「配偶者控除」や「扶養控除」「医療費控除」などは誰にとっても関係深いものです。少し詳しく見ておきましょう。

まず、**納税者本人には基礎控除が認められます。合計所得２４００万円以下の人は一律48万円ですが、それを超えると控除額が少なくなり、２５００万円超で控除がなくなります。**

また、合計所得が48万円以下で「生計を一にする」（↓巻末❺）配偶者や親族がいる場合は、その人の状況（老人、同居など）に応じた額の配偶者控除・扶養控除が受けられます。ただし、控除を受ける人の合計所得金額により、左のように控除額が変わります。

配偶者の所得が48万円超１３３万円以下の場合も、83ページのような配偶者特別控除が受けられます（控除を受ける人の合計所得金額が１０００万円以下の場合）。

配偶者の所得が給与ならば、最低55万円の給与所得控除があります（↓P96）。一方、配偶者特別控除は配偶者の合計所得95万円まで上限の38万円の控除です（↓P83）。

そこで、**配偶者の所得が55万円プラス95万円の計１５０万円までなら、配偶者控除の上限と同じ38万円の控除が受けられます。**以前は「１０３万円の壁」と呼ばれていたものですが、現在では１５０万円に引き上げられているわけです。

¥ 基礎控除と配偶者控除には所得制限も

基礎控除の金額

合計所得金額	控除額
2400万円以下	48万円
2400万円超 2450万円以下	32万円
2450万円超 2500万円以下	16万円
2500万円超	0円

配偶者控除の金額

控除を受ける人の 合計所得金額	控除額	
	一般の控除 対象配偶者	老人控除 対象配偶者
900万円以下	38万円	48万円
900万円超 950万円以下	26万円	32万円
950万円超 1000万円以下	13万円	16万円
1000万円超	0円	0円

配偶者の給与所得が95万円以下なら
配偶者控除の上限と同じ38万円の
配偶者特別控除が受けられます

5 ケガ・病気では、こんな控除が受けられる

年間に支払った医療費が10万円を超えた場合などに確定申告をする

年間に支払った医療費が10万円を超えた場合、超えた額について所得控除が受けられます。それが「**医療費控除**」です。ただし、所得が２００万円未満の人は、所得金額の５％を超えた額について受けられます。該当しそうな人は、一度チェックしてみましょう。

本人以外でも、生計を一にする親族の医療費を支払った分も認められるので、**配偶者や子供の分も一緒に計算できます**。ただし、保険で補填された分は差し引かれます。

医療費控除の対象になる支出の主なものは、左の図のとおりです。通院のための交通費など、意外なものが認められたり、逆に美容整形など認められないものがあります。セルフメディケーション税制（→巻末❺）では、別に医療費控除の特例があるので注意しましょう。

また、年末調整では医療費控除の申告はできないので、給与所得者の場合でも、明細書を添えて確定申告をすることが必要になります。

医療費控除とは？

1月1日～12月31日に実際に支払った額

所得200万円未満の人は所得の5％

年間医療費 － 保険金等 － 10万円 ＝ 医療費控除額

医療費とは……

①医師・歯科医師への診察費
②治療に必要な薬品の購入費
③入院費・通院費・医師などの送迎費など
④治療のためのあんま・マッサージなどの費用
⑤保健師・看護師などによる療養上の世話の費用
⑥助産師による分べんの介助費

など

申告には領収書・レシートなどが必要になるので、きちんと保管しておくこと

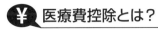

6 住宅ローンで税が安くなる「税額控除」とは？

⬇税額自体を減らせるが、ときどき制度が変わるので要注意！

所得控除を差し引いて税額を計算した後、さらに税額そのものからマイナスできる制度もあります。これを「税額控除」といいます。所得の控除ではなく、税額そのものの控除である点に注意してください。

たとえば、**住宅ローンを組んでマイホームを購入した場合、所得税が軽減される**のはご存じでしょう。控除額は、居住を開始した年や控除を受ける年によって違いますが、住宅ローンの年末残高に対して一定割合の税額控除が、原則13年にわたって受けられます。

この住宅ローン控除（住宅借入金等特別控除）は、その年の税制改正によって上限額なども変わってきますので、利用する際はその時点の要件などをチェックしてください。とくに**令和6年度の改正では、子育て世帯や若者夫婦世帯に限って控除が拡充**されています（↓P15）。なお、この制度を利用する場合には、初年度に確定申告が必要です。給与所得者は、2年目以降は、年末調整で手続きを完了することができます。

¥ 住宅ローン控除とはどんなもの？

主な住宅ローン税額控除（令和6年度改正）

●控除対象借入金（償還期間10年以上、年末残高）
・住宅の新築・取得
・住宅の取得とともにする敷地の取得
・一定の増改築等
●控除率　0.7%
●控除期間　13年（新築・買取再販住宅）　※下表は借入限度額

	子育て世帯・若者夫婦世帯	その他
認定住宅	5000万円	4500万円
ZEH水準省エネ住宅	4500万円	3500万円
省エネ基準適合住宅	4000万円	3000万円
その他の住宅	0円	

● 控除期間　10年（中古住宅）

省エネ基準適合住宅等	3000万円
その他の住宅	2000万円

●認定住宅とは「認定長期優良住宅」「認定低炭素住宅」を指す。認定長期優良住宅とは、長期にわたり良好な状態で使用するための措置が講じられた優良な住宅。認定低炭素住宅とは、都市の低炭素化（市街化調整区域等で二酸化炭素の排出を抑制する）に役立つ住宅。
●ZEH水準省エネ住宅は、年間のエネルギー収支を実質ゼロ以下にした「ネット・ゼロ・エネルギー・ハウス」。省エネ基準適合住宅は、国の定める省エネ基準を満たした住宅。
●床面積40㎡以上、控除を受ける年の合計所得金額が2000万円（床面積40㎡〜50㎡未満では1000万円）以下などの要件がある。
●令和３年度改正における特例措置の適用を受ける場合を除く。
●居住した年とその前２年・後３年の計６年間は「3000万円特別控除」「居住用財産の買換えの特例」などの適用不可。
●このほかに、バリアフリー改修、省エネ改修、三世代同居対応改修、耐久性向上改修などに対する税額控除がある。

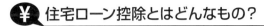

7 ほかの所得と合算できない「分離課税」とは？

↓所得を合算する「総合課税」とは分けて計算される所得がある

ほとんどの種類の所得は合算して「総合課税」となりますが、ほかの所得と合算せず、分けて課税される種類の所得もあります。

たとえば、株式投資。株の経験者はご存じと思いますが、**株の売却益にかかる所得税は、原則としてほかの所得と分けて、確定申告をしなければなりません**（↓P220）。これを「分離課税」といいます。

分離課税は株の譲渡益だけに限らず、左の図のようなものがあります。

このうち、山林所得と退職所得は所得税法で定められた分離課税で、制度が変わることはあまりありません。両方とも何十年もの間の積み重ねの結果の所得なので、その収入があったときに、ほかの所得の税金の計算に影響しないよう、分けて計算するわけです。

しかし、それ以外は国の政策的な目的で定められた租税特別措置法（↓P56）による分離課税で、ときどき税率などが変わります。

「総合課税」と「分離課税」

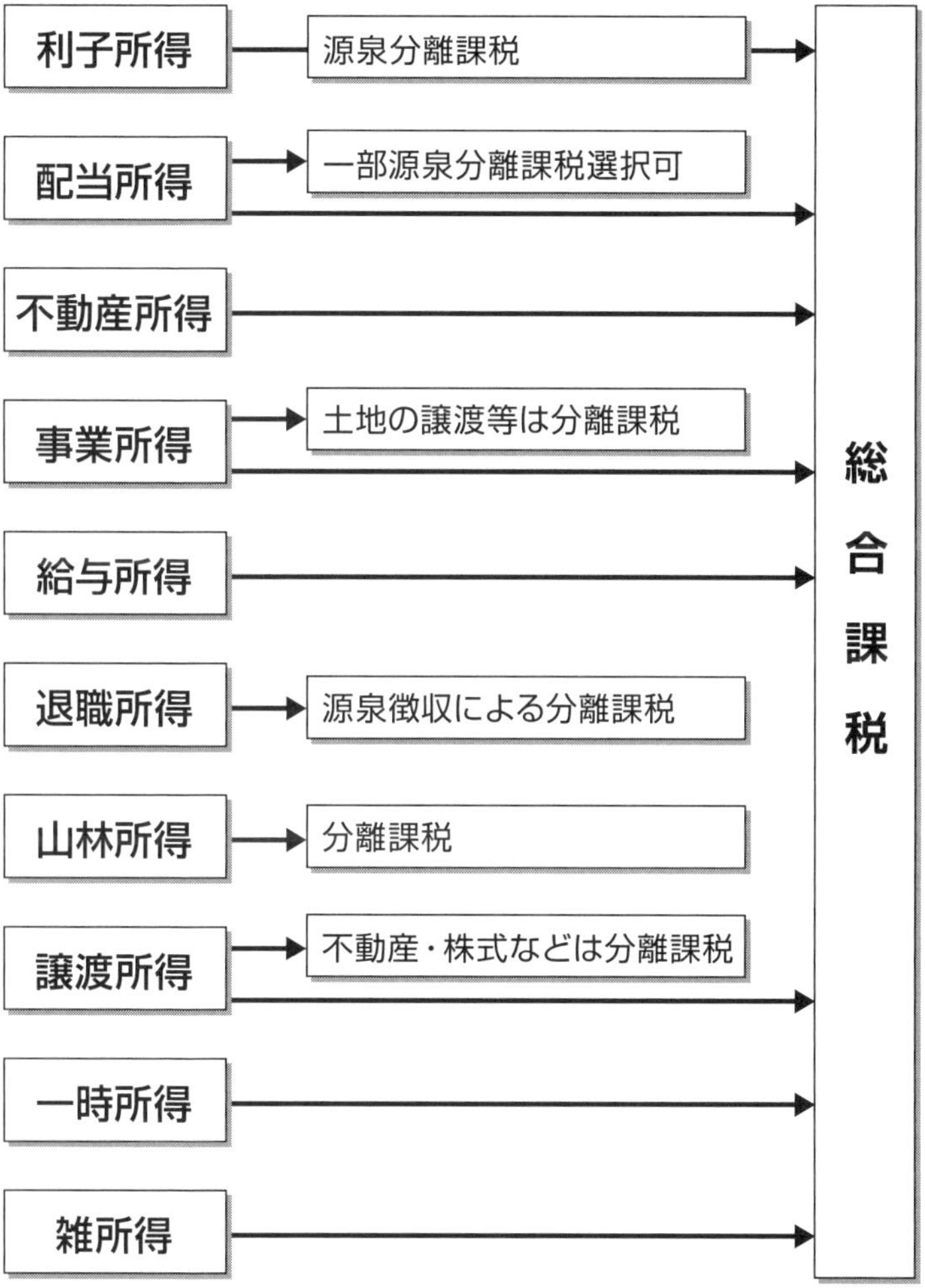
利子所得
源泉分離課税
配当所得
一部源泉分離課税選択可
不動産所得
事業所得
土地の譲渡等は分離課税
給与所得
退職所得
源泉徴収による分離課税
山林所得
分離課税
譲渡所得
不動産・株式などは分離課税
一時所得
雑所得
総合課税

8 所得税の税率は、どうなっているのか？

課税所得に応じた7段階の税率になっている

分離課税以外の総合課税となった所得に対しては、左の表のような税率（と控除額）を適用して所得税の税額が計算されることになります。

課税所得が大きいほど税率が高くなっていますが、これは税を負担する力に応じて課税するという考え方によるものです（超過累進税率→巻末❻）。１世帯当たり平均所得金額５５２万３０００円（平成30年）を例に、所得税額を計算してみると左のようになります。

なお、**平成27年分からは所得税の最高税率が引き上げられ、課税総所得金額４０００万円超について45％の税率が設けられています。**

これに加えて、**東日本大震災からの復興財源の確保のため「復興特別所得税」が創設されています。**税額は所得税額の２・１％。「所得」ではなく、「所得税額」の２・１％であることに注意してください。期間は平成25年から令和19年までの25年間です（期間延長の可能性あり）。給料などの源泉所得税についても、復興特別所得税額が併せて徴収されます。

所得税の税率

平成27年分以降

（速算表）

課税総所得金額（1000円未満切捨）	税率	控除額
1000円以上　195万円未満	5%	0円
195万円以上　330万円未満	10%	9万7500円
330万円以上　695万円未満	20%	42万7500円
695万円以上　900万円未満	23%	63万6000円
900万円以上　1800万円未満	33%	153万6000円
1800万円以上　4000万円未満	40%	279万6000円
4000万円以上	45%	479万6000円

例

総合課税となる所得　552万3000円
所得控除の合計　203万4600円

（552万3000円－203万4600円）×20%－42万7500円
＝27万100円
（100円未満切捨て）

所得税額

復興特別所得税　令和19年分まで

27万100円×2.1%＝5672円

※源泉徴収の計算では合計税率（所得税率×102.1%）を支払金額に掛け、1円未満の端数を切り捨てます。

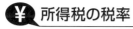

9 あなたの今年の給与所得を計算してみよう

まず、自分の収入金額から「給与所得控除額」を計算する

サラリーマンの皆さんが受け取る給料は「給与所得」になります。ただし、**一般的に考える給料や賞与だけが、給与所得になる収入というわけではありません**。商品券を含む有価証券の支給や、一定額を超える昼食の弁当、借上げ社宅の家賃、宿日直手当、通勤手当などの会社負担額など、いろいろなものが給与などの収入とみなされるので注意しましょう。

もっとも、これらを合計した収入金額が、そのまま「給与所得」になるわけでもありません。そこから「給与所得控除額」を差し引いたものが、課税対象の「給与所得」になるのです。給与所得控除額は、収入金額に応じて左のような計算式で求めることができます。

簡単な計算ですから、サラリーマンの方は自分の給与所得の額を計算してみましょう。なお、令和2年分からは給与所得控除が引き下げられています（↓P84）。また、サラリーマンでも必要経費を控除できる「特定支出控除」の制度もあります（↓巻末❼）。

￥ 給与所得の計算方法

給料以外にも
いろいろ含まれる

給与所得の収入金額 － 給与所得控除額 ＝ 給与所得

収入金額		給与所得控除額
	162万5千円以下	55万円
162万5千円超	180万円以下	収入金額×40%－10万円
180万円超	360万円以下	収入金額×30%＋8万円
360万円超	660万円以下	収入金額×20%＋44万円
660万円超	850万円以下	収入金額×10%＋110万円
850万円超		195万円（上限）

※令和２年分から

例 給与所得となる収入金額　437万円

給与所得控除額＝
437万円×20%＋44万円＝131万4000円
437万円－131万4000円＝305万6000円

給与所得

コラム

よかった、ぼくの給料は減らないんだ!

令和6年のある日、営業の若手社員Eさんが心配そうな表情で経理部に入ってきました。

「フヨウコウジョっていうのが減るって聞いたんですけど、ぼくの給料も減るんでしょうか?」

「扶養控除ですか?」経理部のCさんが対応します。

「Eさんには、控除対象扶養親族はいないでしょう? もともと扶養控除の対象になっていないから、扶養控除が縮小されてもお給料は変わりませんよ」

児童手当の対象が高校生年代まで拡大するのにともない、扶養控除の縮小が検討されています。令和6年現在、15歳以下の子どもについては月額1万円または1万5000円の児童手当が支給されているため、扶養控除の対象から外れていますが(→P83)、年間合計所得金額が48万円以下の高校生年代は扶養控除の対象です。

このまま児童手当を支給すると、高校生年代の子がいる世帯への支援が厚くなりすぎ、不公平になるので、扶養控除を現在の38万円から25万円に縮小することが検討されているわけです(住民税の扶養控除は33万円から12万円に)。所得税は令和8年から、住民税は

9年度分からの適用をめざして、令和7年末に決定します。

「よかったあ、ぼくの給料は減らないんだ!」

「Eさんって、給与所得控除の引下げのときも、お給料が減るのを心配してきませんでした?」

「そういえば、そんなことが……」

令和2年分から、給与所得控除が10万円の引下げになっています。ただしこれは、基礎控除が10万円引き上げられたのにともなう引下げなので、ほとんどの給与所得者にとってはプラスマイナスゼロです。

自営業の人などは減税になっていますが、Eさんをはじめ、ほとんどの給与所得者にとっては減税にも増税にもなっていません。

「その節はお騒がせしました」

(コリないひとだなあ)とCさん、少しあきれ顔です。

10 「源泉徴収」って何だろう

給与などの支払者は源泉徴収して納税する義務がある

サラリーマンの皆さんが、ふだん所得税を意識しないのは、給料から天引きされているからです。何か特別な事情がない限り、自分では申告も納付も必要ないのですから、税率や計算方法を知らなくても当然といえますね。

このように、**収入から税金が天引きされるしくみを「源泉徴収」といいます**。住民税（↓P110）も天引きされますが、こちらは別に「特別徴収」と呼びます。

◉会社は「源泉徴収義務者」である

では、給料はなぜ源泉徴収されるのでしょう。

まず源泉徴収された税金はどうなるかというと、源泉徴収をした人（所得の支払者）が国に納めます。この所得の支払者のことを「源泉徴収義務者」といいます。つまり**会社は、勝手に社員の納税代行をしているわけではなく、源泉徴収を行なう義務を負っている**のです。

源泉徴収とは？

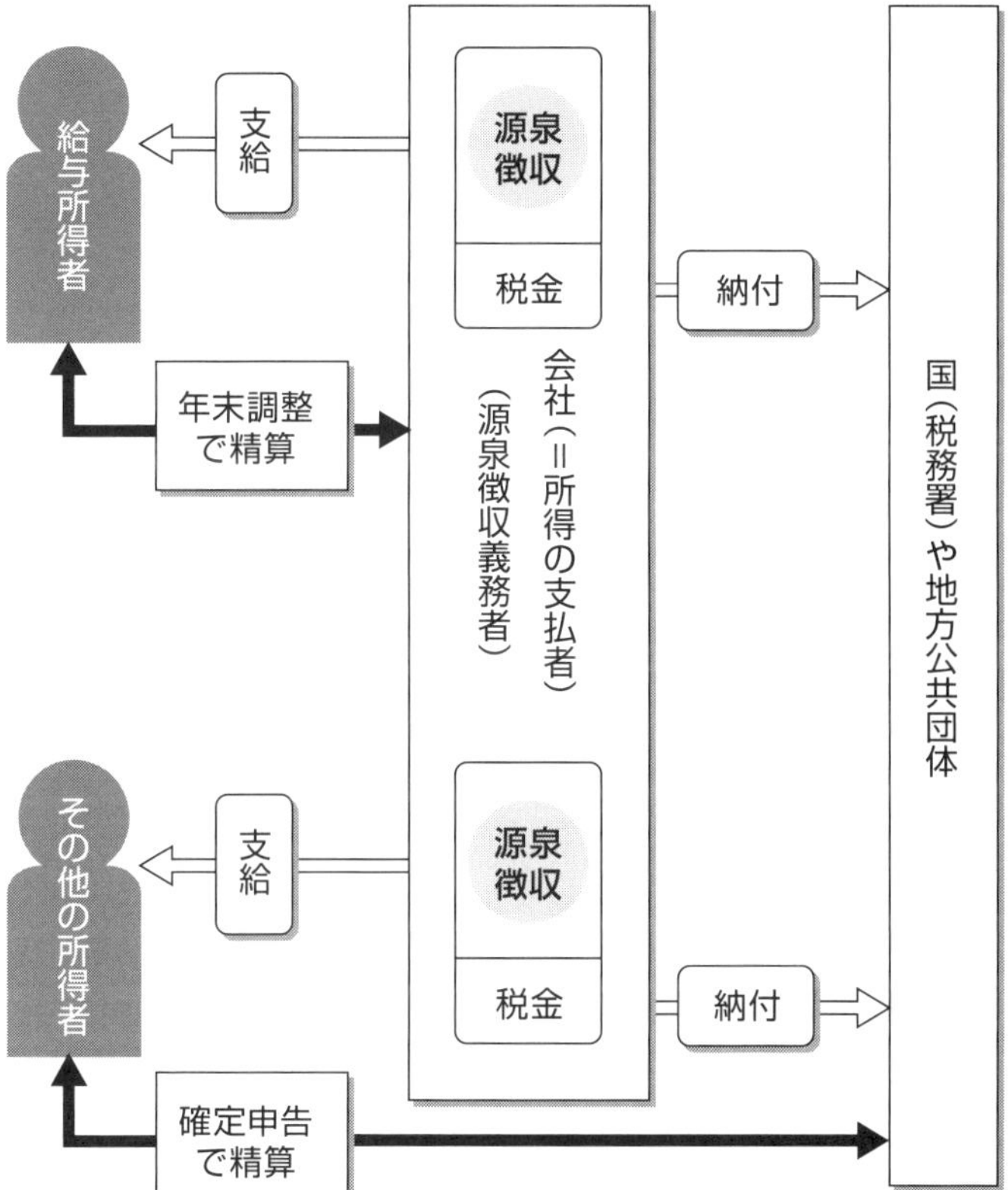

所得を支払う源で税金を徴収するから「源泉徴収」という

さらに、源泉徴収した税金を原則として翌月10日までに、税務署に納付する義務もあります。また、年末には、これも原則として「年末調整」（↓P104）を行ない、源泉徴収した税金の過不足を精算する義務もあります。

◉——源泉徴収票は何のために必要なのか？

実は、所得税が源泉徴収されるのは給与所得だけに限らず、利子所得や配当所得、退職所得、それに原稿料や税理士等の報酬なども、源泉徴収の対象になる所得です。**主な源泉徴収対象の所得をあげると、左の図のようになります。**

これらのうち、給与所得や退職所得などでは、源泉徴収票を交付することも支払者の義務になっています。

サラリーマンの場合は年末に、給与所得の源泉徴収票を受け取っていることでしょう。給料の年間支払合計の証明書と思っている人も多いようですが、本来は所得税の納税証明で、同じものが税務署にも送られているのです。

この給与所得の源泉徴収票は、ふだんはとくに必要にはなりません。しかし、**医療費控除や住宅ローン控除などの還付で確定申告をするときに必要ですし、また、転職・再就職後の年末調整の際にも必要**になります。きちんと保管しておくようにしましょう。

給料以外の源泉徴収

利子所得

支払額の15.315％の所得税等＋5％の住民税

配当所得

原則として支払額の15.315％の所得税等
＋5％の住民税

退職所得

原則として退職所得控除額を控除後
2分の1相当額に税率を掛けた額の所得税
＋ 一定の住民税

報酬・料金

実質的に報酬であると判断されるもの

※平成25年から令和19年までは、復興特別所得税が所得税額の2.1％加算されます。

報酬・料金には、たとえば、原稿料・講演料・弁護士や税理士などの報酬や料金、映画やテレビなどへの出演料があります

11 「確定申告」「年末調整」って何だろう

2月から3月に確定申告するのが原則だが、給与所得者は年末調整で済む

所得税は、毎年2月16日頃から3月15日頃までの間に申告・納付しなければなりません。これを一般に所得税の「確定申告」と呼んでいます。

確定申告では、まず所得金額から各種所得控除を引いた課税所得金額に税率を掛けて、所得税額を算出します。さらに、住宅ローン控除などを税額控除し、また源泉徴収された税額があれば差し引くという計算をして精算を行なうわけです。

一般のサラリーマンの方の場合は給料から源泉徴収されているので、確定申告は必要ありません。そのかわり源泉徴収された額と実際の年税額の過不足を調整する必要があります。それが「年末調整」です。

年末調整では、平均値で計算されていた源泉徴収税額と、実際の年税額との差の調整や、年の途中に扶養親族の異動があった場合の再計算をします。また、配偶者特別控除や各種の保険料控除の計算も一括してこの時点です。

ですから、**人によってはけっこう多額の税金が戻ってきます**。

ただし、サラリーマンでも年収が２０００万円を超えたり、年末調整を受けた給与以外の所得が20万円を超える人などは、確定申告を行なわなければなりません。

¥ 確定申告が必要なとき

◉サラリーマンが確定申告をしなければならないケース

- 給与収入が2000万円を超える人
- 地代・家賃・原稿料などの副収入の所得が20万円を超える人
- 2カ所以上から給与をもらっている人

など

◉こんな人は確定申告をするとトクをする！

- 不慮の災害や盗難に遭った人
- 多額の医療費を負担した人
- マイホームを買った人
- 年の途中で退職し、その後就職していない人

など

12

退職・転職・再就職のときの税金は？

退職所得は分離課税で、しかも多額の控除がある

サラリーマンが退職すると、当座の資金や老後の備えとして退職金が支給されるのがふつうですね。退職金も所得のうちですから、所得税（プラス住民税）がかかります。ただし**退職所得は分離課税**（↓Ｐ92）なので、退職前の給与とは合算されません。

また、退職という事情を考慮して、**多額の退職所得控除が認められます**。しかも所得税などが課税されるのは、所得控除後の残額のさらに半分という破格の優遇も認められているのです。なお、退職所得は源泉徴収ですが、確定申告を行なうと納め過ぎの税金が還付されることがあります。この場合は、分離課税用の確定申告書を使います。

退職所得以外の所得については、もし退職した年の年末までに再就職していないときは確定申告をするようにしましょう。とくに、退職後に国民年金や国民健康保険に加入している場合は、社会保険料控除の額が増えて税金が戻ってくるはずです。

年末までに再就職した場合は、再就職先で年末調整が受けられます。

退職所得の計算は？

$$\left(\text{退職所得の収入金額} - \text{退職所得控除額}\right) \times \frac{1}{2} = \text{退職所得}$$

（※勤続年数５年以下の法人役員等の退職金については、平成25年分以後、２分の１課税が適用されません）

勤続年数	退職所得控除額
20年以下	40万円×勤続年数（最低80万円）※
20年超	70万円×（勤続年数−20年）＋800万円※

※障害者になったことに直接起因して退職した場合は＋100万円

例　勤続25年で通常の退職
退職金　1200万円

退職所得控除額＝
70万円×（25年−20年）＋800万円＝1150万円
$(1200\text{万円} - 1150\text{万円}) \times \frac{1}{2} = 25\text{万円}$

↑
退職所得

※平成25年から令和19年までは、復興特別所得税が所得税額の2.1%加算されます。

13 所得税と別に、なぜ住民税も納めるのか？

所得税は国税、住民税は地方税

サラリーマンの皆さんは毎年6月、給料の手取り額が微妙に変わることに気づいているでしょうか。給与明細を見るとわかりますが、住民税の特別徴収額が変わっているのです。

給料から天引きされる税金といえば、これまで説明してきた所得税がすでに源泉徴収されています。その上に、なぜ住民税も別に納めるのでしょう。

◉所得税と似ているようで違う住民税

それは、所得税は「国税」でしたが、住民税は「地方税」だからです。

住民税（個人住民税）は、都道府県や市区町村が行なっている行政サービスの費用を住民に分担してもらうという趣旨の税金です。いわば、所得税の地方公共団体版といえます。

ですから、全体的に所得税とよく似たしくみですが、大きな違いもあります。

第1に、所得税と違って、前年の所得について次年の6月から次々年の5月にかけて納付すること。第2に所得控除の額が所得税と少し異なること。第3、第4には所得税にない「均等割」の部分があり、「所得割」は超過累進税率でないことがあげられます。

なお、子供の貧困に対応するために令和3年分以後、一定の要件を満たす未婚のひとり親に対する個人住民税が非課税になっています。

¥ 個人住民税の特徴

①前年の所得について納税する

②所得控除額が少し異なる

③定額の「均等割」部分がある

④所得の額にかかわらず税率が一定

所得税の地方税版
ですが、こうした違いも
あります

◉──住民税は自分で申告する必要がない

住民税は個人にも法人にもあるので、混同を避けるために「個人住民税」「法人住民税」と呼び分けるのが一般的です。いずれの場合も、**「道府県民税」（東京都では「都民税」）と「市町村民税」（東京都特別区では「特別区民税」）の2つ**で構成されます。

また、住民税の定額で課税される部分を「均等割」、所得に応じて課税される部分は「所得割」といいます。個人住民税の納税額は、均等割と所得割の合計になるわけですね。

なお、道府県民税にはこのほか、預貯金の利子にかかる「利子割」、特定の配当にかかる「配当割」、特定の株式の譲渡所得にかかる「株式等譲渡所得割」もあります。

それぞれの納税額は左のように、均等割が合計で4000円、所得割は合計で10％。

ただし、所得割の課税対象になる所得額は、所得税とイコールではありません。個人住民税の所得控除が所得税と少し異なるためで、たとえば配偶者控除・扶養控除などが所得税では基本38万円なのに対し、住民税では33万円となるなどの違いがあります。

もっとも、**サラリーマンや個人事業者は、自分で計算・申告する必要はありません。**

サラリーマンの場合は勤務先から市区町村へ給与支払報告書が送られ、個人事業者などは税務署から確定申告書の内容が送られるので、市区町村がそれらをもとに税額通知書を作成し、課税が行なわれるからです。

個人住民税の税額・税率

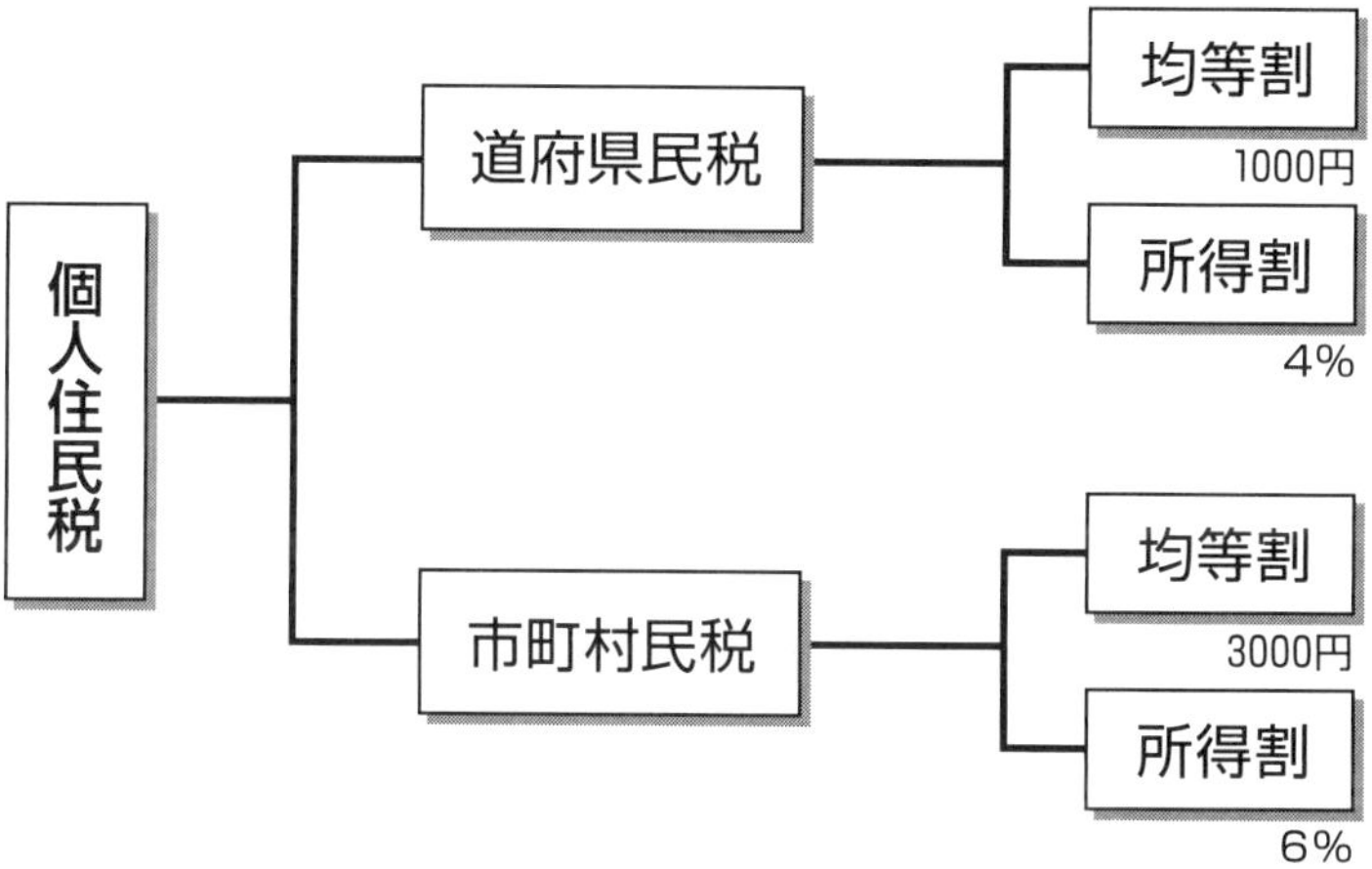

※東日本大震災からの復興に関して地方公共団体が実施する防災のための施策の財源として、均等割が平成26年度から令和５年度までの10年間、各500円ずつ計1000円加算されていました。
※令和６年度からは地球温暖化対策や災害防止のために市町村が森林を整備する際の財源として「森林環境税」が１人当たり1000円課税されます。

つまり…

個人住民税 ＝ 道府県民税 ＋ 市町村民税

均等割 ＋ 所得割

↓

（所得金額 － 所得控除）× 税率 － 税額控除 ＝ 所得割額

…ということ

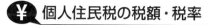

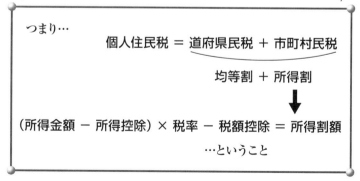

コラム

「ふるさと納税」って、どんなしくみ？

個人住民税は住所地の自治体に納税するので、地方で育ち都市部で就職した人は、成長するまでの行政サービスを地方で受け、住民税は都市部で納めることになります。都市部の自治体はうるおいますが、地方の自治体には子供が成長するまでの行政サービスの費用（→P108）としての税収が入らないわけです。

この状態を少しでも解消しようと設けられているのが「ふるさと納税」の制度です。

令和6年のある日、営業の若手社員Eさんがまた経理部にあらわれました。今度はナンだろう？　という顔でCさんが応対します。

「えーと、ぼくの税金をふるさと納税してほしいんですけど」

「は？　何の話ですか？」

「だからあ、ぼくの税金は給料から天引きされてるじゃないですか。それをぼくの実家のあるふるさとに納税してほしいと……」

「ははあ、納税という名前がついてるからカン違いしたのかな？」

そばに居合わせたAさんが話に入ってきました。

「納税という名前だけど、実は税金を納めるんじゃないんだよ。その実体は、所得税の所得控除と住民税の税額控除なんだ」

ふるさと納税は、納税ではなく寄附金控除（↓Ｐ84）として扱われます。

所得税では、２０００円（所得税の寄附金控除の下限）を引いた額が所得金額から控除され、住民税では２０００円を引いた額の10％（住民税の所得割の合計）が税額控除されるのです。

さらに足りない分は、住民税の特例控除として行なわれ、限度を超えていなければ２０００円の自己負担以外は全額控除ということになります。ただしそのためには、サラリーマンであっても確定申告をしなければなりません。

５自治体以下の寄附なら「ふるさと納税ワンストップ特例制度」で確定申告をしない方法も選べます。

所得税分はその年の所得税から控除され、サラリーマンなど源泉徴収されている場合は還付されることもあります。住民税分は翌年の住民税から控除されます。

その結果、自己負担の２０００円を除いて、追加の負担なしで地方の自治体に寄附ができるというわけです。

「過度な返礼品で問題になった自治体もあるけど、寄附金だから返礼品がもらえるともいえるね。だって、税金納めて返礼品がもらえるってのはヘンでしょ?」

「なるほど。でも、税金納めて返礼品がもらえたらいいなあ。消費税払うとギフト券もらえるとか、所得税納めるとブランド牛肉とか。住民税でカニとか、うなぎ、イクラなんてのもいいな。ですよね?」

Aさん、Cさん、あきれ顔です。

第3章

会社が納める税金とは？

▼法人税・法人住民税・法人事業税など

会社も「法人」という名前の「人」。
個人と同じように、いろいろな税金を払わなければなりません。

1 会社はどんな税金を納めているのか？

法人も個人とほぼ同じだが、中心になるのは「法人3税」

会社も個人と同じように、税金を払っています。土地や建物を所有していれば固定資産税を払いますし、自動車を持てば自動車税、事務用品を買えば消費税だって支払います。

45ページの図に出てきた税金のほとんどは、**個人と同様、会社もまた支払わなくてはならない**わけです。こうした税金はたいてい、決算書でいうと「租税公課」という項目に分類されて、会社の必要経費になります。

しかし、一般に租税公課として分類しない税金もあり、その代表が**「法人3税」と呼ばれる法人税・法人住民税・法人事業税など**です。この3つの税金は、決算書の損益計算書でも「法人税等」などとして、最後のほうに記載されることが多いのです。

これらの税金の大部分は、会社の儲け（所得）に対して課税される「法人所得課税」だからです。赤字だとその部分は納めなくてよいので、ほかの税金とは少し性格が違うといえます。この章では、この法人3税を中心に、会社と事業にまつわる税金を見ていきます。

¥ 会社が納める税金とは？

決算書で見ると……

損益計算書

⋮

販売費および一般管理費

租税公課

> 固定資産税
> 都市計画税
> 自動車税
> 印紙税
> 登録免許税
> ほか

⋮

税引前当期純利益

法人税等

> 法人税
> 法人住民税
> 法人事業税
> ほか

会社の税金で
最も重要なのは
「法人3税」です

2 どんな法人が法人税を納めるのか？

「普通法人」である一般の会社は、所得の全部に課税される

会社は「法人」ですが、会社だけが法人というわけでもありません。

法人税を定めた「法人税法」では、法人を9つに分類しています（左図参照）。このうち、「普通法人」が一般の会社で、株式会社などのほか医療法人なども含まれます。

ちなみに、よく耳にする「社団法人」とか「財団法人」というのは民法上の区別です。法人税法では、両方とも「公益法人」ということになります。


このような分類があるのは、**法人税が課税される儲け（所得）の範囲が、法人の種類によって異なる**からです。

「公共法人」は法人税が非課税ですが、「公益法人」は収益事業から生じた所得に課税、「普通法人」は所得の全部に課税といった違いがあります。

また、日本国内に本店などを有しない「外国法人」は、国内に所得発生の源がある所得についてのみ、法人税を課税されることになっています。

要するに「法人」とは？

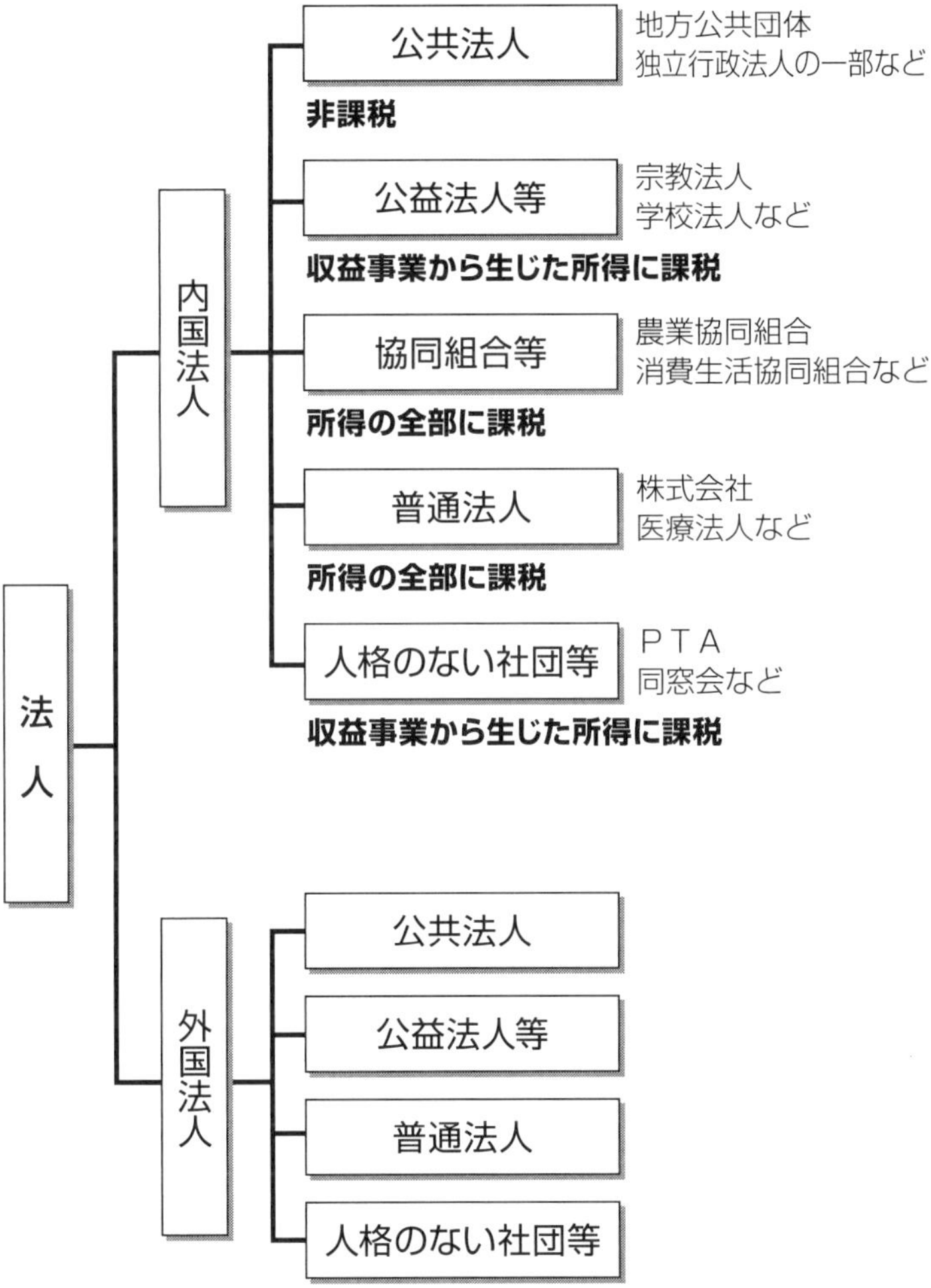
法人
内国法人
公共法人
地方公共団体
独立行政法人の一部など
非課税
公益法人等
宗教法人
学校法人など
収益事業から生じた所得に課税
協同組合等
農業協同組合
消費生活協同組合など
所得の全部に課税
普通法人
株式会社
医療法人など
所得の全部に課税
人格のない社団等
ＰＴＡ
同窓会など
収益事業から生じた所得に課税
外国法人
公共法人
公益法人等
普通法人
人格のない社団等

3 法人税はどれくらいかかるのか？

事業年度の所得に対して原則23％余り。徐々に引き下げられてきた

法人税はいわば「法人の所得税」のようなものです。その証拠に、法人税の課税対象になる儲けも、やはり所得と呼びます。ただ、**その所得の計算方法や、そこから税額を計算する方法が、所得税とまるで異なります。**

◉──所得は「益金」から「損金」を引いて計算する

たとえば、法人税では所得を区分することはせず、すべて合算します。会社の事情に応じた所得控除なんてものもありません。所得を計算する期間についても、所得税のように1月1日からと決まっていなくて、会社が自分で決めた事業年度を単位に行ないます（日本では4月1日～3月31日を事業年度とする会社が多い）。

この事業年度の所得は、会社の経理が計算する利益をもとに計算します。

ただし税法では、**売上など会社でいう収益にあたるものを「益金」、費用にあたるものは「損金」と呼び、益金から損金を引いたもの**を所得としています。

¥ 法人税の所得の計算方法とは？

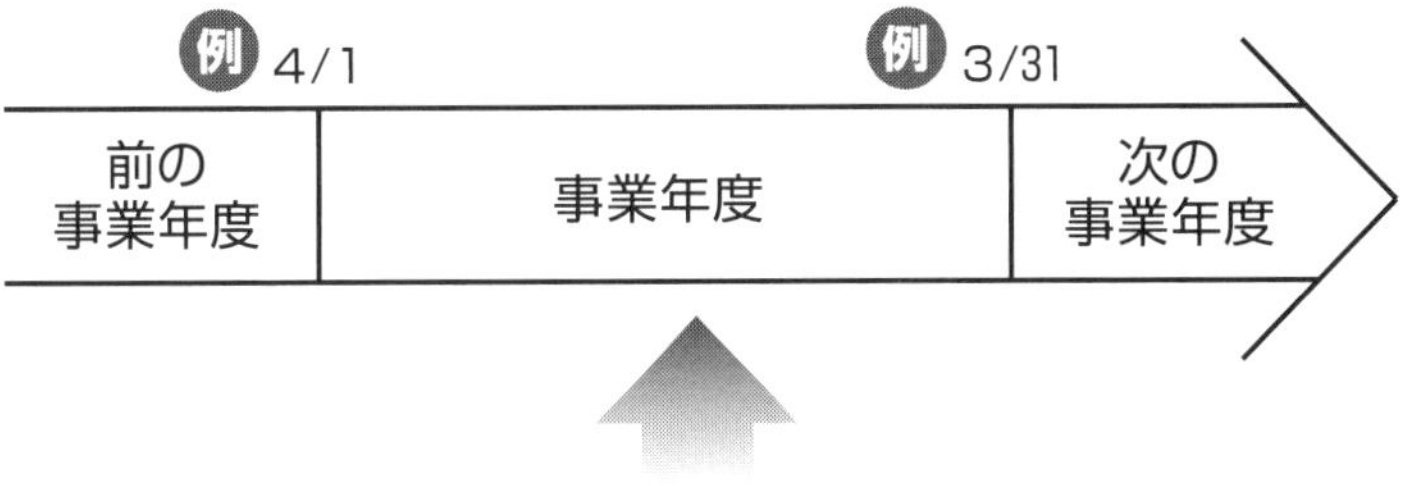

この事業年度について…

会社は　収益 － 費用 ＝ 利益

≠　≠　≠

税法は　益金 － 損金 ＝ 所得

そこで…

利益 ＋ 益金算入 － 益金不算入
－ 損金算入 ＋ 損金不算入 ＝ 所得

この調整を「税務調整」と呼ぶ

では、なぜ会社が計算した利益を、法人税の計算に使わないのでしょう。

会社の計算は経営状態を正確につかむことを目的としますが、法人税の計算はそれよりも、課税の公平さや国の税務政策を優先するため、会社が費用だと考えるものでも、税法上は費用にならないといったことが起こるのです。

そのため、**会社の計算する利益と税法の所得は一致しない**のです。

課税所得金額の算出のためには、会社が計算した利益からプラス・マイナスし、法人税額を計算しなければなりません。

●――法人税は所得の大きさにかかわらず一定の「比例税率」

こうして計算された所得に税率を掛けるわけですが、その税率についても、所得税が超過累進税率（↓巻末❻）なのに対して、法人税は所得の大きさにかかわらず一定の「比例税率」という違いがあります。

その税率は、原則として左のとおり。ただし、**中小企業の税負担を軽くするため、資本金1億円以下の法人などは、所得金額のうち年８００万円以下の部分について19%とする**と法人税法本則では定められています。ところが、この８００万円以下の部分に対する税率にも「中小企業者等の法人税率の特例」があり、15%となっているのです。

¥ 法人税の税率はどれくらい？

<table>
<tr><th colspan="3">区分</th><th>税率</th></tr>
<tr><td rowspan="3">資本金
１億円以下
の法人など
（※１）</td><td rowspan="2">年800万円
以下の部分</td><td>下記以外の
法人</td><td>15%
（※３）</td></tr>
<tr><td>適用除外
事業者（※２）</td><td>19%</td></tr>
<tr><td colspan="2">年800万円超の部分</td><td rowspan="2">23.20%</td></tr>
<tr><td colspan="3">上記以外の普通法人</td></tr>
</table>

※1　大法人の100%子会社、グループ内の複数の大法人に株式を100%保有されている法人などは除きます。

※2　前３年以内に終了した事業年度の所得金額の年平均額が15億円を超える法人は「適用除外事業者」として19%の税率が適用されます。

※3　令和７年３月31日までの間に開始する事業年度

例　資本金8000万円の中小法人で、令和６年度の所得金額が1600万円だった

①800万円以下の部分

800万円×15%＝120万円

②800万円超の部分

（1600万円－800万円）×23.2%＝185万6000円

③法人税額

120万円＋185万6000円＝305万6000円

4 法人税率のもとになった「法人実効税率」とは？

法人3税の実質的な税率を計算した実際の負担率

法人税が23・2%というキリの悪い税率になっているのはなぜか、ご存じでしょうか。これは、平成の終わりに法人税率を引き下げる際に、法人税率ではなく、「法人実効税率」を20%台まで引き下げることをめざしたからなのです。

会社の所得には、法人税だけでなく法人住民税・法人事業税などもかかります。ですから、会社の税金負担率については法人3税の合計で考える必要があるでしょう。

ところが、**法人3税の税率を単純に合計しても、所得に対する負担率とはならない**のです。なぜなら、法人住民税の法人税割などは所得でなく法人税額をもとに計算しますし（↓P140）、法人事業税などは損金算入できるので（↓P142）、その分、法人税額が少なくなります。

これらを調整する計算をしないと、実際の負担率はわからないわけです。その調整をして法人3税の負担率を計算したものを「法人実効税率」といいます。

実際の会社の負担率は、どのような会社かで微妙に税率が変わります。そこで、標準税率に基づいて左のような式で計算した税率を「法定実効税率」といいます。税制改正などの際、政府から「法人実効税率」として発表されるのは、この法定実効税率の数字です。

¥ 「法人実効税率」とは？

（法定）法人実効税率

$$= \frac{\text{法人税率} \times (1 + \text{地方法人税率} + \text{法人住民税率}) + \text{法人事業税率} + \text{特別法人事業税率}}{1 + \text{法人事業税率} + \text{特別法人事業税率}}$$

例 税率（中小企業の例、令和6年度）

法人税	所得金額の23.2%
地方法人税	法人税額の10.3%
法人住民税	法人税額の7.0%
法人事業税	所得金額の7.0%
特別法人事業税	2.59%（事業税額の37%）

法人実効税率＝{法人税率23.2%
×（1＋地方法人税率10.3%＋法人住民税率7.0%）
＋法人事業税率7.0%＋特別法人事業税率2.59%}
÷（1＋法人事業税率7.0%＋特別法人事業税率2.59%）
≒33.6%

法人税率	所得金額の23.2%
法人実効税率	所得金額の33.6%

法人3税の税率を単純合計してもダメだから「法人実効税率」を計算する

コラム

100年ぶりに税金のルールが変わった⁉

令和５年のある日、昼休みに経理のＣさんが会社でとっている新聞を読んでいると、通りかかったＡ税理士がのぞき込みました。

「ん、デジタル課税？　ああ、ＧＡＦＡなどに対する課税の記事か。Ｃさんは勉強熱心だね、感心感心」

「デジタル課税」というのは、巨大ＩＴ企業などに対する課税強化を目的にした、国際的な新しい税金のルールです。従来は、法人に対する課税は、工場や支店など、物理的な拠点のある国ができるというのが大原則でした。この物理的な拠点をＰＥといいます（↓巻末❼）。

しかし、ＧＡＦＡのような巨大ＩＴ企業は、ＰＥなどなくてもインターネットなどを使って、その国でサービスを提供できます。そこで、ＰＥがなくても、サービスの利用者がいる国は法人課税ができると、ルールを変更したのがデジタル課税です。令和３年の10月に、日本を含む世界１３６の国・地域が最終合意をしました。

「これ、税金の世界ではけっこうな大改革でね」とＡ税理士。

「これまでの原則は、製造業が盛んだった1920年代にできたというから、およそ100年ぶりの改正ということになるな。でも、それだけじゃないんだ」

もうひとつ、国際課税の原則が変わったのは、法人に対する課税に15％という、世界共通の最低税率が設けられたことです。これにより、法人税率が低い国に子会社をつくって「税金逃れ」をするのに対抗したり、各国が法人税率引下げ競争になるのを防ぐことができます。

日本でも、令和5年度の税制改正で「各対象会計年度の国際最低課税額に対する法人税」、「特定基準法人税額に対する地方法人税」が新設されました。「グローバル・ミニマム課税」と呼ばれるものです。

「でも、何でデジタル課税に興味持ったの？」とA税理士。

「ワタシ、検索はグーグルだし、スマホはiフォンだし、アマゾンもよく使うから、ちょっと気になっただけです。SNSはインスタなんですけどね」

「インスタグラムはフェイスブック（現社名メタ）に買収されてるから、Fのうちだよ。G・A・F・A、全部そろったじゃない。スゴイスゴイ！」

「そこ、ほめられても、うれしくないんですけど」

5 「決算利益＝所得」ではないのはなぜ？

税務調整で損金不算入になる費用がある

法人税は、会社が自分で計算して申告しますが（申告納税→P62）、経理部長や社長個人が勝手に計算して申告するのではなく、まず、株式会社の最高機関である株主総会が承認し確定した決算書類をもとに計算して申告をします（**確定決算主義**）。

そしてその後、「税務調整」を行なうのです。

税務調整とは、会社が計算した事業年度の利益に対して、益金に入れるものと損金に入れないものはプラスし（益金算入・損金不算入）、益金に入れないものと損金に入れるものはマイナスする（益金不算入・損金算入）ことです。

たとえば、会社が使った交際費は、会社の利益の計算上は費用ですが、税法上は原則として損金になりません。つまり「損金不算入」なのでプラスします。

いったん確定した決算利益から、これらの損金不算入などを調整し、課税所得を計算する最後の調整をとくに「申告調整」と呼びます。

¥ 税務調整とは？

例

交際費の損金不算入額

<table>
<tr><th>資本金等</th><th>所得金額に加算される金額</th></tr>
<tr><td rowspan="2">1億円以下
（選択適用）</td><td>交際費のうち
800万円を超える部分の金額</td></tr>
<tr><td rowspan="2">交際費のうち
接待飲食費の50%を
超える部分の金額</td></tr>
<tr><td>1億円超
1億円以下でも資本金5億円以上の法人の100%子会社等</td></tr>
<tr><td>100億円超</td><td>全額損金不算入</td></tr>
</table>

（令和6年4月1日から9年3月31日までの間に開始する事業年度）

つまり交際費は原則として損金不算入！　ただし消費拡大のため飲食費の一部を損金算入としているのです。
中小企業は特例で一部損金算入です

このように決算利益から損金不算入などを調整する「申告調整」を行なう

6 損金算入・損金不算入ってどういうこと？

交際費や役員賞与、減価償却の超過額などが損金不算入になる

損金になるもの、ならないものは、法令できちんと決められています。

たとえば**交際費についても、一定の条件を満たせば1人当たり1万円以下の飲食費は、交際費から除外して会議費などにしてよい**と明文化されています。交際費は原則として損金不算入ですから、同じ飲食費でも会議費にできれば損金になるというわけですね。

交際費が原則として損金不算入なのは、交際費が会社の事業にとってムダな費用（冗費）だという観点から、その節約を促すという趣旨です。

同様に、一定限度を超える寄附金も、公益性の高いものを除いてほとんどが損金不算入になります。これは事業に関係のない支出で税負担を減らすことを防ぐためです。

また、**従業員の賞与は損金になりますが、事前に届け出ていない役員賞与は損金不算入です。過大とみなされる役員報酬・役員退職金も損金不算入**となります。

そのほか、法令で定められた減価償却（↓P134）の限度を超えた超過額、貸倒損失や貸倒引当金などの引当金も同様に、一定の条件を満たすもの以外は損金不算入です。これらの損金算入を認めないのには利益操作を排除するという目的があります。

意外なところでは、法人税・法人住民税なども損金不算入です。

¥ 損金不算入になるものとは？

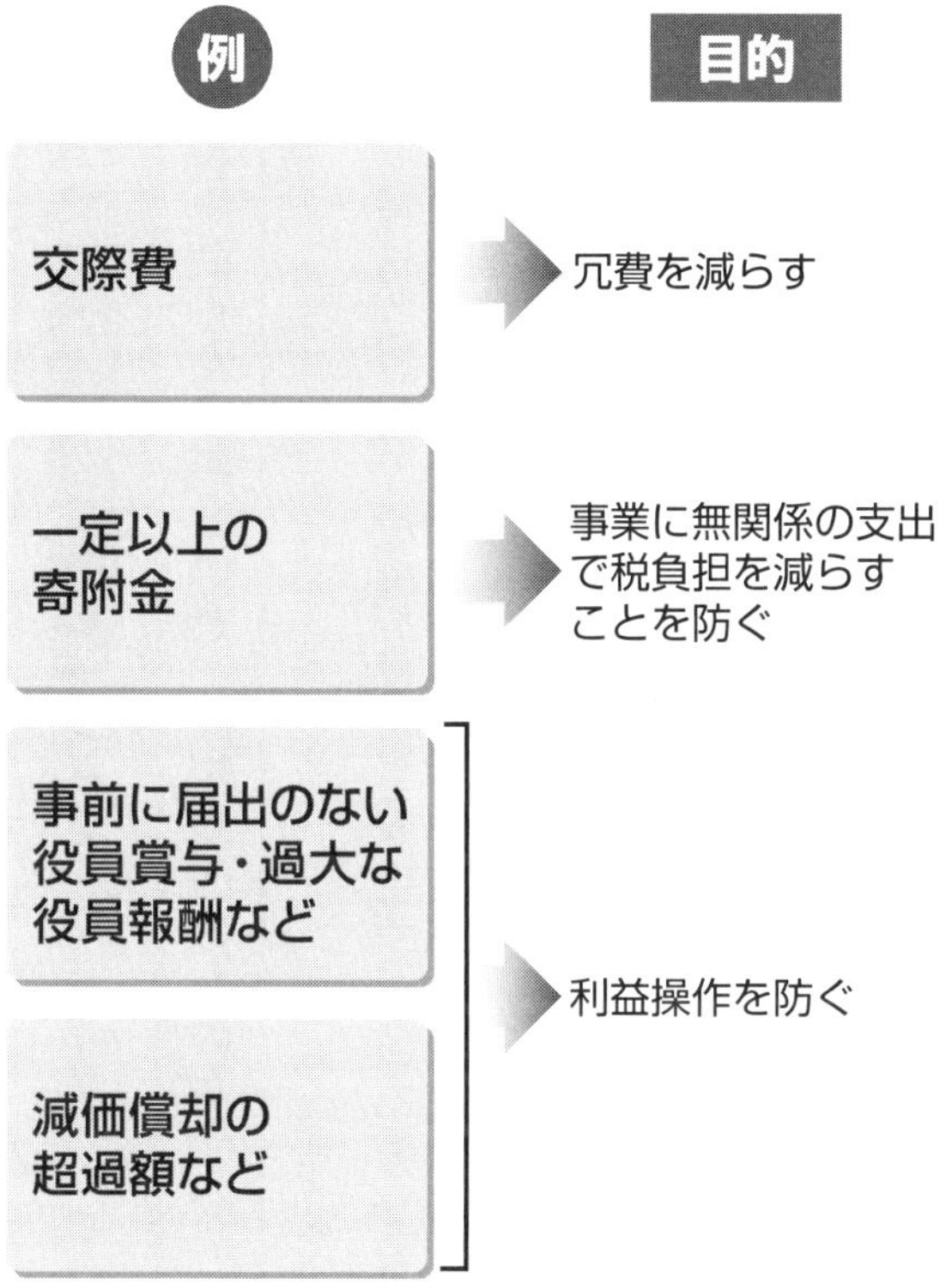

法人税・法人住民税なども損金不算入となる

7

法人税の税額控除とは？

二重課税を防ぐためのものと、政策目的のものがある

法人税にも、所得税と同じような税額控除があります。もっとも、会社に住宅ローンがあるわけはないので、中心は二重課税になることを避けるための税額控除です。

たとえば、利子や配当を受け取る際は、法人でも所得税などの源泉徴収が行なわれています（↓P220）。一方、利子や配当は法人の所得に含まれて法人税の課税対象になるので、そのままでは所得税と法人税の二重課税になってしまいます。そこで、**法人税額から「源泉徴収所得税の税額控除」をすることで、二重課税を防ぐ**のです。

同様に、日本の内国法人が外国支店で得た利益には、その国の法人税が課税されます。そのままだと外国と日本での二重課税になるので、「外国税額控除」が行なわれます。

また、個人の住宅ローン控除のような政策目的のものとして、左の図のような税額控除もあります。ただし、これらは租税特別措置によるものなので、受けられる事業年度に制限がある場合がほとんどです。

¥ 法人税で受けられる税額控除は？

①源泉徴収所得税の税額控除

②外国税額控除

③その他租税特別措置による税額控除

例

- 一般試験研究費の額に係る税額控除
- 特別試験研究費の額に係る税額控除
- 給与等の支給額が増加した場合の
  法人税額の特別控除
  （中小企業者等における賃上げ促進税制）

租税特別措置による
税額控除はそれぞれ
対象年度が定められています

8 法人税の話によく出る「○○税制」とは？

特定の政策を促進するため、法人税の税額控除と特別償却が利用される

法人税の話ではよく、「○○税制」という言い方がされます。たとえば「研究開発税制」「中小企業投資促進税制」といった具合です。これは、**政府が促進したい特定の政策について、税制措置で優遇しますよという意味**なのです。

ここで前項の税額控除とともに**よく使われるのが、減価償却費の割増**です。通常より多くの減価償却を認めると、その年度の経費（損金）が増え、利益（所得）が減って納税額も減り、税額控除と同じような効果があります。

このような租税特別措置は、年によって重点を置くところが変わります。

たとえば、令和6年度の改正では「**イノベーションボックス税制**」が新設されました。特許権やＡＩのソフトウェアなど、知的財産の譲渡、ライセンス供与などで得た所得の30％相当額を、その年度に損金算入できるという優遇措置です。ＡＩなど、無形資産に対する企業の投資を促進し、その分野における企業の国際競争力の向上を目的にしています（↓P18）。

¥ 税額控除と特別償却による「○○税制」とは？

例 **研究開発税制**

税額控除で
政策を推進

「試験研究費の額に係る税額控除」
「中小企業技術基盤強化税制」
「特別試験研究費の額に係る税額控除」

例 **中小企業投資促進税制**

特別償却と
税額控除で
推進

「中小企業等が機械等を取得した場合の
特別償却又は税額控除」

- 所得が減って納税額が減る
- 税額控除で納税額が減る

例 **イノベーションボックス税制**

**特許権やAIといった知的財産など
企業の無形資産への投資にも
優遇措置が導入される**

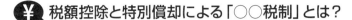

9 法人税の申告と納付の方法は？

期末の日から2カ月以内に「法人税申告書」を提出し、納税する

◉――会社は法人税の「確定申告」「中間申告」をしなければならない

所得税の申告は2月16日頃から3月15日頃までと決まっていますが、法人税は決まっていません。

なぜなら、**法人税の計算期間である事業年度は会社が自由に決めるので、申告の期限もそれに応じて変わる**からです。その申告期限とは、事業年度の期末の日の翌日から2カ月以内で、会社はその間に決算書と「法人税申告書」を作成・提出し、また納税しなければならないことになっています。これが、法人税の確定申告です。

ただし、災害などがあった場合や、会計監査人の監査が必要な場合は、届けを出すと1カ月の延長が認められます。さらに、一定の要件を満たすと最大4カ月までの延長が可能です。

また、「中間申告」が必要な場合もあります。これは事業年度の期首の日から6カ月の期間で、その後2カ月以内に中間の申告をする制度で、①事業年度が6カ月を超える会社に必

法人税は2カ月以内に申告・納税

期首

中間申告……

「予定申告」
「仮決算」
の2つの方法がある

6カ月

事業年度

2カ月

中間申告・
納税期限

期末

2カ月

確定申告・
納税期限

最大6カ月まで
申告を延長できる!

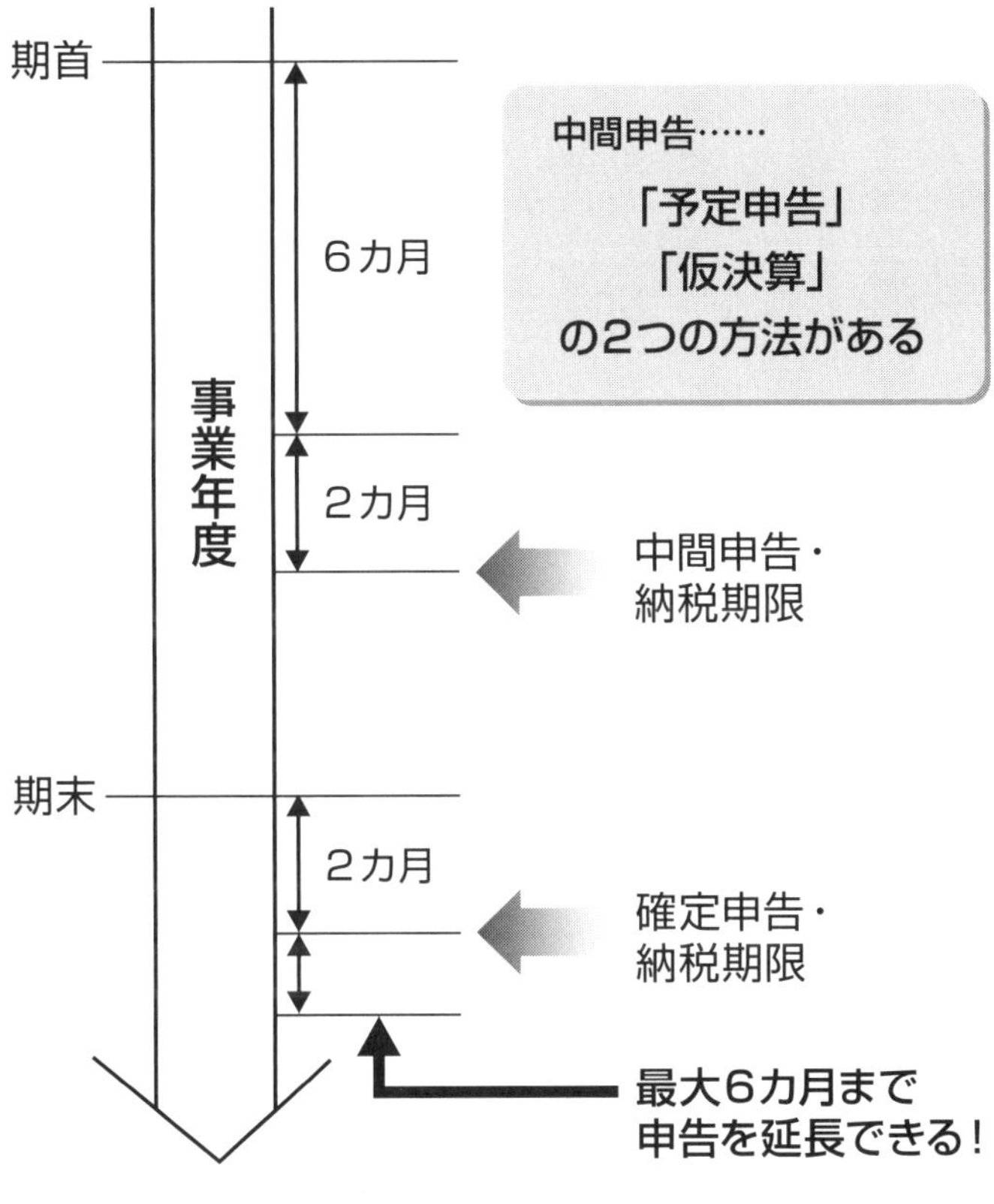

一定の要件を満たすと4カ月の延長を申請
して最大で期末日から6カ月以内にできる

要、②ただし中間申告金額が10万円以下の場合は除く、ということになっています。

提出する法人税申告書というのは、実は、「別表」という名前がついた19の申告書と、その他の明細書・付表で構成される膨大な量の書類です。大きく分けると、左の図のような4つの部分からなっています。

●赤字のときも法人税を払うのか？

ところで、計算の結果、課税所得がマイナスだった場合は、当然、法人税が課税されません。しかも、その法人税法上の赤字（欠損金）については、青色申告法人（→P152）に限って、**翌事業年度から9年間、損金に算入して法人税を軽減できるという制度（欠損金の繰越）があります**（平成30年4月1日以後に開始する事業年度では10年間に延長）。

ただし、中小法人など特定の会社は全額を控除できますが、それ以外の会社では所得の50％が控除限度額です。

また、直前の事業年度に法人税を納めていれば、欠損金額に相当する法人税を還付してもらえる制度（**欠損金の繰戻**）もあります。

さらに企業グループでは、グループ各社が法人税額の計算・申告を行なう中で、損益通算などの調整ができる「**グループ通算制度**」を選択することも可能です。

¥ 「法人税申告書」は膨大な書類のかたまり

①決算報告書

- 貸借対照表
- 損益計算書
- 株主資本等変動計算書
  などの決算書類

②勘定科目内訳明細書

決算報告書に記載された各勘定科目の内訳明細を記入した書類

③別表

決算報告書に記載された当期利益から課税所得額・納税額を算出する書類で別表１～19まである

④法人事業概況説明書

会社の人員構成、帳簿の備えつけ状況、決算書類の要約、月別の売上高・仕入高などを記載した書類

法人税の計算は「別表」で行ないます

10 なぜ会社も住民税を払うのか？　税率は？

道府県民税と市町村民税の「均等割」と「法人税割」を納める

住民税というのは、行政サービスの費用分担という趣旨の税金ですから、会社などの法人も納めなくてはなりません。ただし、法人税と同じく、公共法人には課税されず、公益法人は収益事業だけに課税されます（↓P118）。

法人住民税にも個人と同様「道府県民税」と「市町村民税」があります。「均等割」と、法人税額の一定率が課税される「法人税割」がある点も同じです。道府県民税には「利子割」等もありますが、これは申告の際に法人税割から控除できます。

ただ均等割は、資本等の金額と従業員数によるので、左のような細かい分類になります。均等割・法人税割とも税率は地方公共団体ごとに定められますが、標準は左のとおりです。

なお、**平成26年の消費税増税時に「地方法人税」が創設されています**（↓P147）。税率は、令和元年の消費税再増税時に法人住民税法人税割を5・9％引き下げたため、5・9％を引き上げて、同年10月1日以後に開始する事業年度から10・3％となっています。

¥ 法人住民税の税額・税率は？

		資本等の金額	従業員数	道府県民税	市町村民税
法人住民税	均等割	50億円超	50人超	80万円	300万円
			50人以下		41万円
		50億円以下 10億円超	50人超	54万円	175万円
			50人以下		41万円
		10億円以下 1億円超	50人超	13万円	40万円
			50人以下		16万円
		1億円以下 1000万円超	50人超	5万円	15万円
			50人以下		13万円
		1000万円以下・ その他の法人等	50人超	2万円	12万円
			50人以下		5万円
	法人税割			1.0%	6.0%
＋	地方法人税				10.3%

地方公共団体によって
一定の範囲で税額・税率が変わる

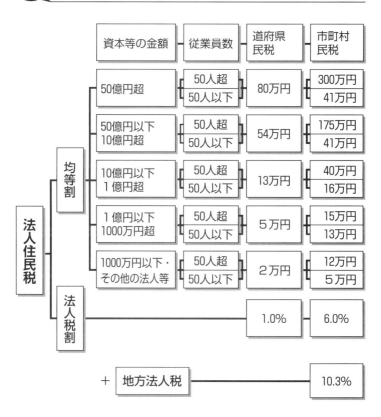

11 法人の「事業税」とはどういう税金か？

⬇会社が利用する都道府県の行政サービスの費用を分担する税金だが……

◉——資本金1億円以下かどうかで課税方法が違う

会社や個人が事業を行なう際には、都道府県の道路・消防・警察など、施設や行政サービスを利用していますね。その費用を分担してもらうという性格の税金が、道府県税である「事業税」です。

個人の事業税については後ほど説明するとして（↓P150）、**まず法人事業税から見ると、法人税・法人住民税とは少し毛色の変わった税金**だといえます。たとえば、法人税・法人住民税は損金算入できませんが、法人事業税は損金算入ができるのです。

また、**期末の資本金が1億円を基準に、課税方法が大きく違います**。税金の課税対象を**「課税標準」**と呼びますが、資本金1億円以下の法人では法人事業税の課税標準は、特定の業種を除いて、原則として法人税と同じ所得金額です。

しかし、資本金1億円超の法人には、課税標準として「所得」に「付加価値額」と「資本

¥ 資本金1億円以下の会社の法人事業税は？

	所得金額	標準税率
法人事業税	400万円以下の部分	3.5%
法人事業税	400万円超800万円以下の部分	5.3%
法人事業税	800万円超の部分	7.0%
特別法人事業税	上記の法人事業税	37%

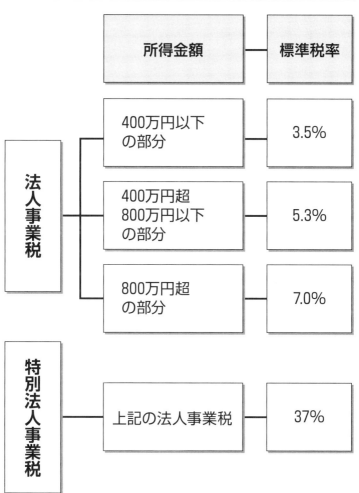

金等の額」が加えられています（↓P18）。このように所得以外をベースに行なう課税を「**外形標準課税**」と呼びます。

なお、事業税と名前が似た税金に「**事業所税**」がありますが、こちらは東京23区と政令指定都市など特定の都市で、都市環境の整備・改善のために課税される税金です。

事業所の床面積や支払給与を課税標準として、税額が計算されます。

◉――法人事業税の半分は地方に回される？

法人事業税は、都市と地方とで税収格差が大きい税金です。

そこで、**地域格差是正のためとして、大都市を抱えた都道府県から地方に税収を回す「地方法人特別税」が導入されました**。それ以前の法人事業税（都道府県税）の約半分をいったん、国が地方法人特別税（国税）として集め、人口と従業員数に応じて、「地方法人特別譲与税」として再配分するというものです。

地方法人特別税は、令和元年10月1日以後に開始する事業年度から廃止され、法人事業税に復元されましたが、復元後の法人事業税の一部を分離して「特別法人事業税」が創設され、その全部が都道府県に対し「特別法人事業譲与税」として譲与されます（↓P146）。

資本金1億円超の会社の法人事業税は？

	課税標準	課税対象額	標準税率
法人事業税	所得割	400万円以下の部分	0.4%
		400万円超 800万円以下の部分	0.7%
		800万円超の部分	1.0%
	付加価値割	当期利益 ＋ 収益分配額 （報酬給与＋純支払利子＋純支払賃借料）	1.2%
	資本割	資本金等の額	0.5%
特別法人事業税		上記の所得割額	260%

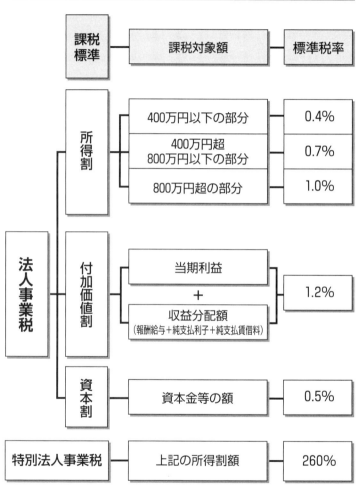

コラム

今は「特別法人事業税」……会社の税金はときどき変わる

Aさんが顧問を務める会社の社長はBさんです。B社長はときどき、Aさんに会社の税金について個人授業を開いてもらっています。今日は、法人事業税の話です。

「うちの会社は、所得割だけ払えばいいわけですね。よかった、赤字の年まで税金をとられるのはたまらんからな。でも、なんで資本金の額で税金の計算が変わるんです？」

「法人事業税はもともと、行政サービスの費用分担という性格の税金です。平成大不況のときに、赤字の企業も等しく行政サービスを利用しているのに、課税されないしくみはおかしいという批判がとくに大企業に集中して、それを機に改正されたのです」

「なるほど、それはもっともだ」

「法人事業税には、企業が多い大都市部を抱えた都道府県ほど税収が多く、税収が少ない地方は法人事業税も少ないという特徴があります。そこで、都市から地方に税金を回すために創設されたのが、地方法人特別税ってわけです（→P144）。これは消費税率が10％に上がった段階で廃止されましたが、代わりに、同じく地域格差の是正を目的として特別法人事業税が創設されました。復元した法人事業税（地方税）の約3割を分離して、地方法人特別税と同じく、国税として徴収した後、譲与税として再分配するしくみです」

「地方法人税なんてのもありましたね」

「もともとは、消費税を増税するとモノがたくさん売れる大都市部ほど、地方消費税の税収が増えそうだ、ますます地方との税収格差が広がってしまうという懸念で、地方税である法人住民税の一部を国が集めて、地方に再分配することにしたのが地方法人税（↓P140）なんですよ」

「会社の税金は、ときどき変わってますねえ」

「そうそう、『企業版ふるさと納税』も税額控除の割合が引き上げられましたね」

企業版ふるさと納税は、国が認定した地方の特定の事業に対して企業が寄附金を支出すると、法人税額・法人事業税額・法人住民税額から一定の税額控除できる制度です。ふるさと納税（↓P112）と同様、少しの負担で地方に寄附ができるしくみで、「地方創生応援税制」と名づけられています。適用期限も令和7年3月までの寄附金に延長されています。

「おっ、それいいね。故郷にふるさと納税しちゃうかな。実家もまだあることだし」

「ざーんねん。企業版ふるさと納税は、地域再生法の認定地域再生計画に記載された『まち・ひと・しごと創生寄附活用事業』に関連する寄附金にしか適用されないのでした」

12 個人事業者は、どんな税金を納めるのか？

↓事業所得として所得税、事業の種類によっては個人事業税も！

たとえまったく同じ商売をしていたとしても、個人で事業を行なっている人には法人税は課税されません。一般的な商売では個人の「事業所得」となり、所得税が課税されます。事業所得は、農業・漁業から製造業・建設業、販売業・サービス業にいたるまで、幅の広い所得です。医師・弁護士などの国家資格者も、個人で行なっていれば事業所得ですし、俳優・競馬騎手などの収入も、事業所得になるわけです。

事業所得の金額は総収入金額から必要経費を引いたものです。事業所得は原則として総合課税ですから、ほかの所得と合算され、総所得金額に所得税が課税されます。

なお、個人事業者の事業の種類によっては、個人事業税（↓P150）も課税されます。

ところで、個人事業者や不動産貸付けを行なっている人には源泉徴収（↓P100）がないので、そのままでは年1回まとめて納税することになってしまいます。そこで、あらかじめ所得税を分割納付する制度（予定納税）があります。

その年の確定申告で納税額が15万円以上あった人には、税務署から通知があり、実績納税額の3分の1ずつを3回に分けて納めることが求められるのです。第1期分は7月1日から31日まで、第2期分は11月1日から30日までに納付しなければなりません。

¥ 事業所得とは？

農漁業者・製造業・販売業・医師・弁護士・プロスポーツ選手・歌手など、個人で事業を営む人がその事業で得た所得

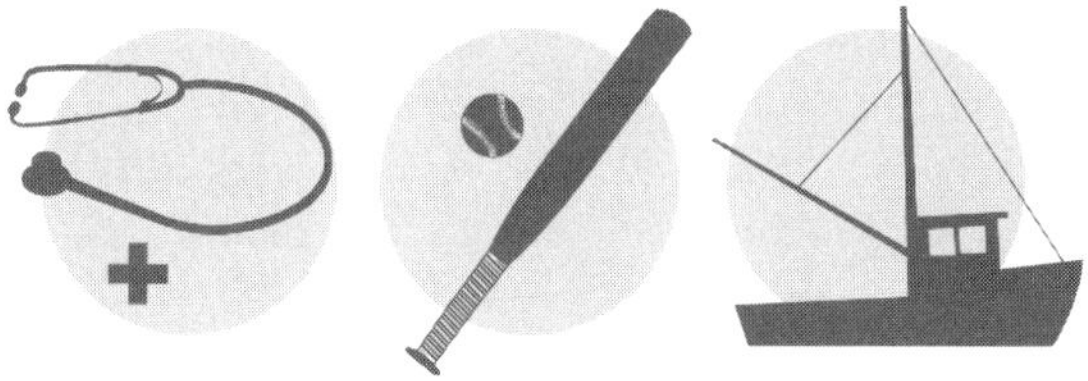

〈計算は？〉

事業所得 ＝

総収入金額 － 必要経費

ただし、小規模なものは雑所得、不労所得は利子・配当・不動産所得、単発のものは山林・譲渡・一時所得となります

13 事業税を課税されない個人事業者もいる

↓個人事業税は計70種の法定業種にのみ課税される

法人事業税と同様、事業を行なっている個人事業者にも事業税が課税されます。

ただし個人事業税が課税されるのは、左の図の計70種の法定業種です。ですから、これに該当しない業種の個人事業者は、事業税を納めなくてよいことになります。

課税標準（↓P142）は、大ざっぱにいうと、事業の総収入金額から必要経費と「事業主控除」を引いた額です。**個人事業税では、独自の事業主控除として年２９０万円の控除が認められる**のです。

税率は都道府県によりますが、左の標準税率から１・１倍の範囲になります。

個人事業税は都道府県税なので、都道府県税事務所に申告します。といっても、確定申告をしている場合は必要ありません。

都道府県税事務所から納付書が送られてくるので、8月と11月の2回に分けて納税することになります。

個人事業税が課税される事業は？

〈個人事業税の計算〉

課税標準 × **税率**

→ **事業の総収入金額 － 事業の必要経費 － 事業主控除**

区分	業種	標準税率
第1種事業	物品販売業、保険業、金銭貸付業、物品貸付業、不動産貸付業、製造業（物品の加工修理業を含む）、電気供給業、土石採取業、電気通信事業（放送事業を含む）、運送業、運送取扱業、船舶ていけい場業、倉庫業、駐車場業、請負業、印刷業、出版業、写真業、席貸業、旅館業、料理店業、飲食店業、周旋業、代理業、仲立業、問屋業、両替業、公衆浴場業（第３種事業とされる公衆浴場業を除く）、演劇興行業、遊技場業、遊覧所業、商品取引業、不動産売買業、広告業、調査業、案内業、冠婚葬祭業	5%
第2種事業	畜産業、水産業、薪炭製造業 （主として自家労力を用いて行なうものは除く）	4%
第3種事業	医業、歯科医業、薬剤師業、獣医業、弁護士業、司法書士業、行政書士業、公証人業、弁理士業、税理士業、公認会計士業、計理士業、社会保険労務士業、コンサルタント業、設計監督者業、不動産鑑定業、デザイン業、諸芸師匠業、理容業、美容業、クリーニング業、公衆浴場業、歯科衛生士業、歯科技工士業、測量士業、土地家屋調査士業、海事代理士業、印刷製版業	5%
	あんま、マッサージまたは指圧、はり、きゅう、柔道整復その他の医業に類する事業、装蹄師業	3%

この法定業種に該当しない
個人事業者は課税されない

14 「青色申告」とは、どういう申告方法なのか？

税務署への申請が必要だが、税金を安くする特典が利用できる

法人税・所得税は原則として、申告納税です。所得税には源泉徴収の制度があるので、「確定申告」はほとんどのサラリーマンには無縁な話ですが、法人と個人事業者などは確定申告をする必要があります。

法人税・所得税の申告方法には、「青色申告」と「白色申告」の2種類があります。

青色申告にすると、左の図のように納税額を安くできるいろいろな特典が利用できます。かつてはこの申告に青色の申告書を用いていたので、こう呼ばれているのです。

青色申告ができるのは、所得税の場合は事業所得、不動産所得、山林所得が生じる業務を営んでいる人です。ただし、**法人税・所得税ともに、あらかじめ税務署に申請して、承認を受けておく必要があります。**

承認されると、特典と同時に、毎日の取引を正確に記録する義務が生じます。複式簿記などの方法で必要な帳簿に取引を記録し、一定期間保存しておかなければなりません。

「青色申告」の主な特典

損失の繰越・繰戻	（法人税・所得税）前年までの赤字を所得から差し引いたり、前年の納税額の還付が受けられる
減価償却の特典	（法人税・所得税）特別償却など減価償却の特典が適用できる
税額控除の特例	（法人税）試験研究費の一定割合など税額控除の特例が適用できる
青色申告特別控除	（所得税）青色申告にするだけで最高65万円を所得から控除できる
青色専従者控除	（所得税）家族の従業員に支払った給与を全額経費に算入できる

このほかにも多数の
特典があります

コラム

法人と個人事業者、どっちがトクなの？

ある日、顧問税理士のAさんがB社長の会社を訪問すると、事務室でB社長が若手社員のEさんと話をしていました。

「Eくん、キミはいずれ独立起業したいそうだが、1人で起業するにしても絶対に会社をつくったほうがトクだぞ！　**今は、株式会社が資本金1円でつくれるんだ。そして、利益が出たら全部、社長の給料にしてしまえばいい。**そうすると給与所得控除がつくから、最低でもその分はトクするぞ！」

「ホントですかあ？　そんなウマイ話が……」

B社長はいつも大ボラを吹いているので、Eさんはすぐには信じられないようです。

「A先生、本当のところはどうなんです？　コロナでいろいろ大変だし……」と、そばにいたAさんに話を振りました。

「うーん、一般論としてはそのとおりですね……」とAさん。

「たしかに、同じ所得金額なら個人の所得税より、法人の法人税のほうが税負担が少なくなる傾向があります。給与所得控除（→P96）も計算に入れれば、間違いなく会社をつくって給与をもらう形にしたほうが有利でしょうね。資本金1円で株式会社がつくれるっていうのも、基本的にはそのとおりだし」

「じゃあ、話によく聞く、親を役員にして給料を払うってのは？」とEさん。

「悪くはないけど、デメリットもありますよ。3人以下の株主が保有する株式の合計数が、発行済株式総数の50%を超える会社は、法人税法上『同族会社』というのですが、**同族会社には税法の特別規定が適用される**んです。同族会社では少数の株主が会社を支配するので、法人税を軽減する経理操作などが行なわれやすいのです。そこで、課税の公平を期すために、同族会社に対するいくつかの特別規定があるんですね」

「なるほど……税法も甘くはないってことだな」と、B社長。

「そのひとつが『**行為計算の否認**』というもので、法人税法上、同族会社がしていることで、それを認めると法人税の負担が不当に少なくなると判断されるものがあると、脱税の意思があるかどうかにかかわらず、税務署は否認できるんですよ。そして、税務署長が法人税額などを計算して課税できるとされています。要するに、同族会社が法人税を不当に安くするようなヘンなことをすると、税務署に、勝手に計算し直されちゃうんですよ」

「勝手に計算し直されるのはヤダなあ」とEさん。

「ただし……独立起業を支援する税制もあるんですよ。ベンチャー企業の創業を支援する

『エンジェル税制』も、令和2年の税制改正で11年ぶりに見直しが行なわれたので、より起業しやすくなっています。

たとえば、個人投資家が認定を受けた未上場のベンチャー企業に対して投資をすると、投資額－2000円を所得から控除して、所得税・住民税の優遇措置を受けられるんです。上限はありますが、要するに投資額を寄附金とみなしてくれるわけですね。

令和5年度の改正でも、投資家がスタートアップに再投資した資金を、20億円まで課税対象にしない優遇措置などが設けられて、独立起業するスタートアップに投資しやすくなっています。同時に、大企業が事業部門などを分離・独立させて新会社を設立する際の優遇措置「スピンオフ税制」も拡充されました（↓巻末❹）

「そうか、起業しやすくなったのか！」と声をあげたのは、意外にもB社長。

「それじゃ私も、会社は息子に譲って、好きな分野でもう一度起業してみるかな。実は以前から、やってみたかった事業があるんだ」

「えっ、社長。ぼくらはどうなるんですか!?」

「おまえも起業するんだから、いいじゃないか！」

「……」なんだか不安になるAさんです。（170ページに続く）

第4章

遺産相続や贈与に関わる税金とは？

相続税・贈与税など

人が亡くなったら「相続税」、金品を贈与したら「贈与税」がかかる。
どのようなしくみになっているのだろう。

1 相続税は、どんなときにかかるのか？

死亡した人の財産を受け継ぐと、その財産に対して課税される

人が死亡すると、その人が所有していた財産・債務を誰かが受け継ぎます（相続）。受け継いだ人は財産を取得しますが、その財産に対して課税されるのが「相続税」です。相続税によって、死亡した人の富の一部を社会に再分配することができます。受け継いだ人が得た財産は一種の不労所得ですから、その一部を社会に還元して格差是正に役立てる、という考えに基づいたものといえるでしょう。

相続税がかかるのは、相続や遺贈（→巻末❶）によって取得した財産です。また、生命保険金や死亡退職金といったものも、「みなし相続財産」として課税の対象になります。さらに、生前に贈与された財産にも相続税がかかる場合があります。一方、**相続税が非課税のものもあります。**代表的なのは、墓地・墓石・仏具・仏像など、祖先の祭祀を承継する人が継ぐ財産ですが、ほかにも、相続した人が受け取った生命保険金・退職金などの一定金額、財産を国などに寄附した場合の寄附金額などが非課税です。

相続税は何にかかるのか？

相続税がかかる

相続した財産

＋

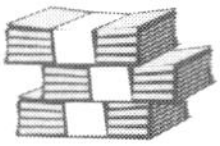

財産とみなされるもの

－

相続した負債

※亡くなる前に贈与された財産があるときは、相続財産に加算されて相続税がかかります（生前贈与加算→巻末❺）。

相続税がかからない

墓地・仏壇・仏具など

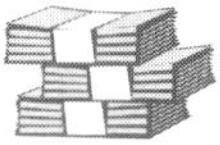

生命保険金などの一部

国などに寄附した額

金銭に見積もれるものは
ほとんど相続財産になる

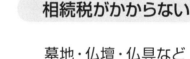

2

そもそも誰が相続人になるのだろうか？

↓相続人になれる範囲・順位は民法で決められている

死亡して誰かに財産を託す人のことを「被相続人」といいます。ですから、被相続人は必ず故人です。その**故人の財産を受け継ぐ人のことは、「相続人」**と呼びます。

誰が相続人になるかは、税法ではなく民法に定められており、「法定相続人」と呼ばれます。相続税の計算にも必要な知識なので（↓P164）、この機会に知っておきましょう。

法定相続人の範囲は、配偶者と、子供（胎児も含む）・父母・兄弟姉妹です。

ただし、子供や兄弟姉妹がすでに死亡しているときは、その子供がいれば代わって相続できます（代襲相続）。同様に、父母が亡くなっている場合は祖父母が相続人です。

これらの相続人になれる人のうち、**配偶者はどんな場合でも相続人**となります。

ただし、内縁の者、離婚した者にはその権利がありません。一方、配偶者以外で、相続人になれる人には順位があります。①子供、②父母、③兄弟姉妹、の順です。

ですから、被相続人に子供がいると、下の順位の父母や兄弟姉妹は、相続人となりません。

相続人の順位

別格

配偶者

常に相続人になる（内縁・離婚した者を除く）

第1順位

直系卑属（子供、養子を含む）

子供が相続人になると第2順位以下は相続人にならない

第2順位

直系尊属（父母）

死亡している場合は祖父母、祖父母も死亡している場合は曾祖父母が相続人になる

第3順位

傍系血族（兄弟姉妹）

死亡している場合は子供に限って相続人になる

これを「法定相続人」と
いいます

3 各相続人はどれくらい相続できるのだろう

配偶者と子供なら2分の1ずつ、配偶者と直系尊属なら配偶者が3分の2

相続人が複数いる場合は、財産や債務を相続人の間で分けなければなりません。遺言書があればその内容が優先されるのですが、そうでなければ「法定相続分」で分けるのが一般的です。その割合は、左の図のようになります。

もっとも、**相続人全員の合意があれば、遺言書や法定相続分に関係なく、「分割協議」をして自由に分けることも可能**です。また、相続人は「相続放棄」や、債務を財産の分だけ引き受ける「限定承認」を選択することもできます（→P172）。

遺言書に分け方が指定してある場合（指定相続分）、本来の相続人にまったく分与がないような、極端なケースもないとはいえません。そのようなときにも、相続人は最低限の相続分を要求できるようになっています。これを「**遺留分**」といいます。

遺留分は、大ざっぱにいって法定相続分の原則2分の1で、兄弟姉妹にはありません。

法定相続分とは？

相続人	相続分			
	配偶者	子	父母	兄弟姉妹

・子、父母、兄弟姉妹がそれぞれ複数いるときは相続分を均等に分ける

配偶者と子	配偶者 $\frac{1}{2}$	子 $\frac{1}{2}$	—	—

・相続税法上は、法定相続人に含める養子の人数は実子がある場合は１人、実子がない場合は２人に制限される（税額計算上の制限）
・代襲相続者が複数いるときは、被代襲者の相続分をさらに相続分に従って分ける

配偶者と父母	配偶者 $\frac{2}{3}$	—	父母 $\frac{1}{3}$	—
配偶者と兄弟姉妹	配偶者 $\frac{3}{4}$	—	—	兄弟姉妹 $\frac{1}{4}$

・父母の一方のみを同じくする兄弟姉妹の相続分は父母の双方を同じくする兄弟姉妹の２分の１になる
・配偶者が死亡している場合は子→父母→兄弟姉妹の順で１分の１を相続します

4 相続税は、どのように計算するのか？

平成27年以後の相続では、基礎控除の引下げと最高税率の引上げ

◉相続税の計算がややこしく見えるわけ

相続税の税額の計算は、一見するとかなりややこしく見えます。なぜかというと、実際にどう分けて相続したかに関係なく、まず法定相続分で相続したものとして総額を計算するからです。その後、実際の分け方に応じて、税額を各相続人に分けるという計算をします。

これは、遺産の分け方で相続税の総額が変わることを避けるためです。

以下、順を追って各人の相続税額が決まるまでを見てみましょう。

◉計算の段階で3種類の控除がある

相続税の計算は、ざっくり見ると5つの段階にまとめることができます。このうち、①、②、⑤で3種類の控除が受けられます。

①課税される財産の価格を計算する

¥ 相続税の計算方法は？

①課税価格の計算

財産の合計・債務などの控除

②課税標準基礎金額の計算

基礎控除＝3000万円＋
（600万円×法定相続人の数）

③相続税の総額の計算

法定相続分による按分、税額の計算、合計

④各人の相続税額の計算

実際の取得財産に応じて按分

⑤各人の納付税額の計算

未成年者控除、配偶者の税額軽減など

※相続等により財産を取得した人が一親等以外の血族、配偶者以外の場合は、相続税額の２割加算があります（→巻末❺）

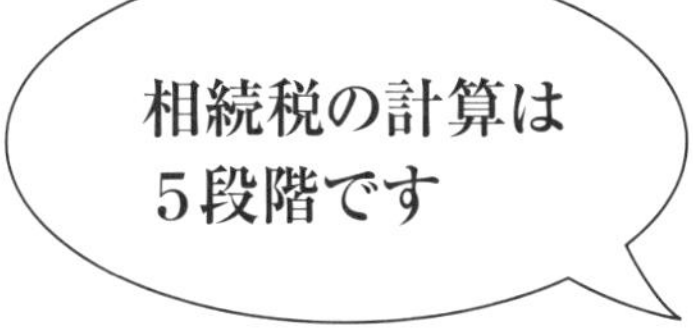
相続税の計算は
5段階です

まず、相続財産を評価して（↓P168）、課税価格を計算します。このとき、故人が生前に負っていた債務を控除できるだけでなく、葬式費用なども控除できます。

②課税される基礎となる金額を計算する

次に、相続税の「基礎控除」を差し引きます。基礎控除の額は、平成27年1月1日以後の相続では左の図のとおりです。

③相続税の総額を計算する

基礎控除を差し引いて求めた課税標準基礎金額から、相続税の総額を計算します。財産額ごとの税率などは、左の表のとおりです（平成27年以後の相続）。所得税と同じく、超過累進税率になっていることがわかりますね。

④各人の相続税額を計算する

こうして計算された相続税の総額を、各人の実際の取得額によって分けるわけです。

⑤各人の実際の納付税額を計算する

ただし、相続人によっては未成年者控除などの税額控除が受けられます。ですから、実際の納付税額は、各人の相続税額から控除を差し引いた額です。とくに、配偶者の税額軽減措置は大幅です。配偶者の実際取得額が、配偶者の法定相続分相当額（１億６０００万円未満の場合は１億６０００万円）以内である限り、法定相続分に対応する額と１億６０００万円といずれか大きい額までが無税という措置がとられています。

¥ 相続税の基礎控除と税率は？

基礎控除額

基礎控除額
＝3000万円＋（600万円×法定相続人の数）

例 **法定相続人が妻と子ども2人**
3000万円＋（600万円×3人）＝4800万円

相続財産が基礎控除額以下なら
相続税はかからず申告も必要ない

税率

（平成27年1月1日以後の相続、速算表）

法定相続分に応ずる取得財産額	税率	控除額
1000万円以下	10%	−
3000万円以下	15%	50万円
5000万円以下	20%	200万円
1億円以下	30%	700万円
2億円以下	40%	1700万円
3億円以下	45%	2700万円
6億円以下	50%	4200万円
6億円超	55%	7200万円

5 相続財産は、どのように評価されるのか？

土地・上場株式など財産の種類ごとに評価方法が決められている

相続税の計算のもとになるのは、相続財産の評価額ですが、その評価が人によって異なったのでは公平な課税とはいえません。そこで税法は、通達で財産の種類ごとに評価額の決め方をあらかじめ定め、公表しています。

たとえば、市街地の宅地は毎年、国税庁が公表する「路線価」をもとに一定の計算をする（路線価方式）、それ以外の宅地は市町村が評価する「固定資産税評価額」に一定の倍率を掛ける（倍率方式）といった具合です。

また、たとえば上場株式などは毎日値が変わるので、特定の日の価格を評価額とするのは適当ではありません。**そこで、上場株式については左の図のような４つの価格をあげ、その中で最も低い価格を評価額とする決め方**になっています。

ただ、財産の種類は多岐にわたる上、財産の内容によっては計算方法も複雑です。実際の評価にあたっては、専門の鑑定士や税理士などに相談することをおすすめします。

¥ 相続財産の評価方法

例 宅地

市街地的形態を形成する地域

→ **路線価方式**

それ以外の地域

→ **倍率方式**

例 上場株式

次のうち最も低い価格

①課税時期の終値
②課税時期の属する月の毎日の終値の平均
③課税時期の属する月の前月の毎日の終値の平均
④課税時期の属する月の前々月の毎日の終値の平均

※課税時期とは相続開始の日のこと

実際の評価は専門家に
相談しましょう

コラム

事業承継の問題は相続税対策ですね

(156ページから続く)

「……というわけで、先生……、そろそろ息子に会社を譲ることを考えているんだが、税金面ではやはり相続税対策ということになるのかね？」

B社長は珍しく真面目な顔で質問します。

「事業承継の問題ですね。税金面の中心は、やはり相続税対策でしょうね。とくにここのところ、中小企業オーナーに配慮した『事業承継税制』の見直しが進んでいますし」

「事業承継に配慮した税制としては、まず『小規模宅地等の評価減の特例』の拡充があります。**故人が事業に利用していた特定事業用宅地等の評価額は、一定の条件を満たせば、４００㎡までの部分について80%減額される**のです。

つまり、本来の評価額の20%ですから、これは大きいですよ。その分、相続税が大幅に軽減されることになります。

また、事業の承継者を対象として相続税・贈与税の納税が猶予され、承継者の死亡などによって免除される制度もあります。贈与では総株式数の3分の2の１００％が、相続では80%の納税が猶予されます。さらに……」

この制度は事業承継税制の「一般措置」といいますが、平成30年の税制改正でより拡充された「特例措置」が創設されました。**一定の要件を満たすと、株式の課税価格の全額に相当する相続税・贈与税の納税が猶予される**のです。親族以外も含む複数の株主から、兄弟姉妹など複数の承継者への贈与も可能です。

ただし、令和8年3月31日までに「特例承継計画」というものを作成し、確認を受けなければなりません。適用期限は、令和9年12月31日までの贈与・相続等です。

ちなみに、個人事業者の事業用資産についても、事業承継税制が創設されました。平成31年から令和10年までの間、相続等により取得した特定事業用資産の課税価格に対応する相続税の納税が猶予されます。ただし、小規模宅地等の特例と選択適用です。

「特例承継計画をつくるならお手伝いしますよ。令和8年3月までに提出して、確認を受けなければなりませんから。今度、息子さんも交えて話をしましょうか?」

「い、いや。ま、まだ、そこまでしなくても……あ、用事を思い出した。今日はこれで」

そういうとB社長、そそくさと部屋を出て行ってしまいました。どうやら、話が具体的になったので及び腰になったようです。(174ページに続く)

6

相続税の申告と納税の方法は？

10カ月以内、ただし相続財産が基礎控除額以下なら申告も納税も不要

相続税の申告は、被相続人が亡くなったことを知った日の翌日から原則として10カ月以内にすることになっています。**申告窓口は、被相続人の住所地を所轄する税務署**です。相続人は、自分が納める相続税でも、自分の住所地の所轄税務署で申告できないことがあります。

もっとも、誰もが相続税の申告を必要とするわけではありません。相続財産の総額が基礎控除額（→P167）以下のときは、申告も納税も必要ないのです。

なお、相続放棄や限定承認を選択する場合は（→P162）、申告よりはるか以前の3カ月以内に、家庭裁判所に対して申述書を提出する必要があります。

また、相続税ではありませんが、死亡した人が所得税の確定申告を必要としていた場合は、「準確定申告」を行ないます。その期限は、4カ月以内です。ただし給与所得者だった場合は、年末調整が行なわれるので必要ありません。

相続税の納税は、原則として現金です。期限は、申告と同じ10カ月以内となります。

用意できないときは、最長20年以内の年賦による「延納」や、相続財産そのもので納税する「物納」という方法もあります。しかし、どちらもさまざまな条件つきで、しかも税務署の審査があります。必ずしも許可されるとは限らないので注意しましょう。

相続に関するスケジュール

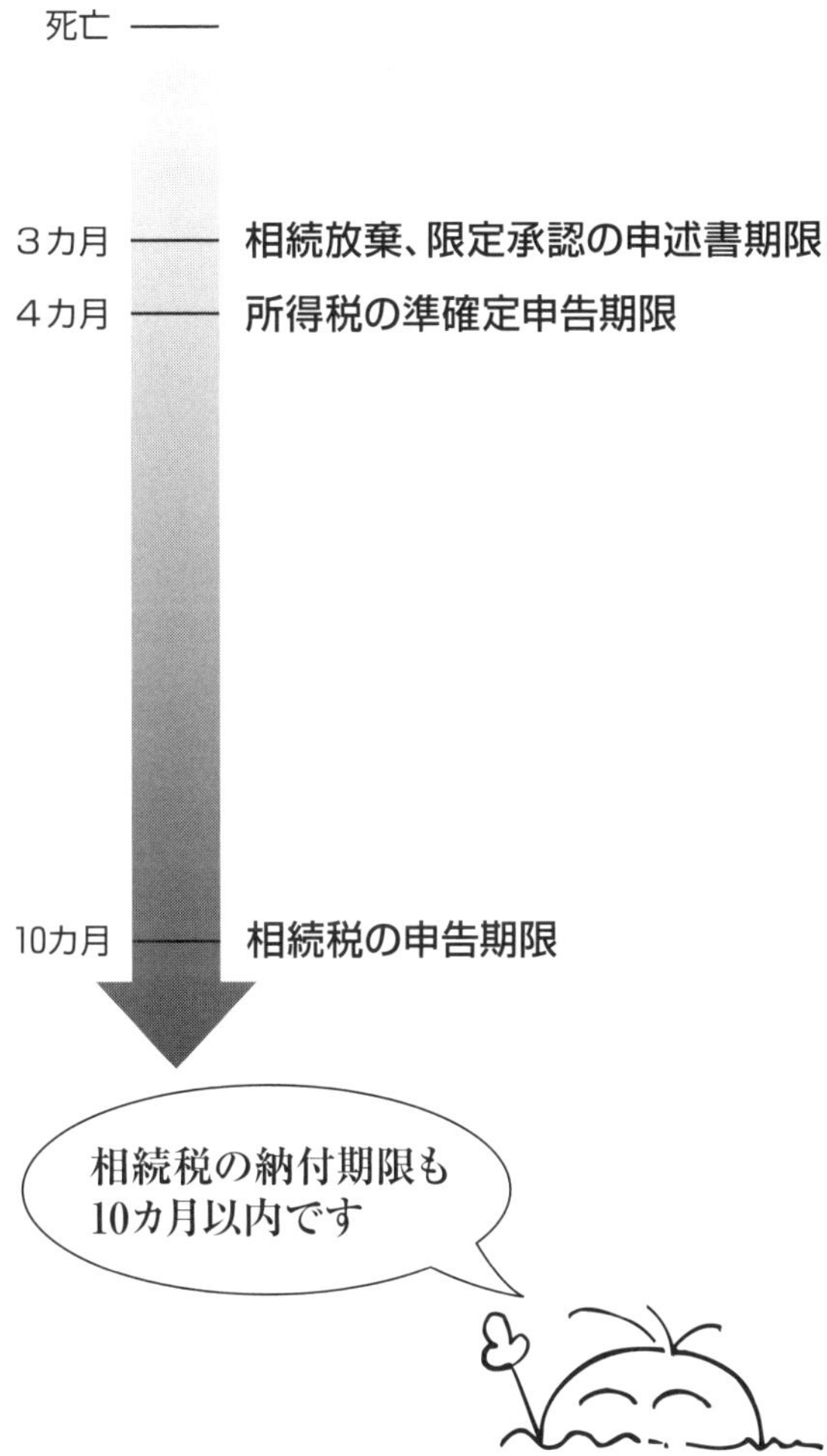

コラム

相続税対策は少しでも早めに

(171ページから続く)

今日はA税理士とB社長の税金個人授業の日。さっそくAさんが切り出しました。

「B社長、今日は相続税、贈与税の話にしませんか」

「相続税の話は、この間したじゃないか」とB社長。あいかわらず及び腰です。

「あれは事業承継の話。今日したいのは社長個人の相続の話ですよ。相続税対策は、少しでも早めに始めたほうがよいのです」

「まだ早いと思うけどなあ……」と渋るBさんにかまわずAさん、話を始めます。

「この間の『小規模宅地等の評価減の特例』の話ですが、こんな制度です」

評価減の特例には、「特定事業用宅地等」のほか、「特定居住用宅地等」「特定同族会社事業用宅地等」「貸付事業用宅地等」があります。

特定居住用宅地等の場合、配偶者が居住する、あるいは親族が居住を継続するなどの要件を満たすと、３３０㎡までの部分について評価額が80%減額されるのです。

1億円の土地の評価額が２０００万円になるのですから、この評価減の特例によって、相続財産が基礎控除額を下回った実例はたくさんあります。ただし、この特例の適用を受けるためには、基礎控除額を下回っていても申告を行なうことが必要です。

「なるほど。１億円の土地が２０００万円か。これは大きいな」とB社長、少し興味がわいたようです。

「でしょ。そうそう、夫婦間贈与の特例も知っておいたほうがいいですよ」

「夫婦の間で居住用の不動産を贈与したときの配偶者控除」の特例は、通常の贈与税の控除（↓P178）に加えて、最高２０００万円まで控除できるという特例です。

婚姻期間が20年を過ぎた後の贈与であること、「居住用不動産」か「居住用不動産を取得するための金銭」の贈与であること、などが要件となります。

「ふつう、生前贈与をすると、相続財産の前渡しとして計算されるのですが」とAさん。

「法律が改正されて、この夫婦間の贈与は相続財産に含めないことになりました」

「ほほう、それだったら生前贈与しておけば相続税対策になるな」

「はい。贈与は贈与税がかかって損、というイメージがありますが、相続税対策の面でも、必要な贈与はしたほうがいいのです。それでは、贈与税の話に進みましょう」

7 なぜ贈与にも税金がかかるのか？

生前贈与によって相続税が不公平にならないよう贈与税がある

会社の社長に限らず、誰でも配偶者や子供などに財産を贈与すると、死亡したときには相続財産が減っていることになります。そのまま相続税をかけるだけでは、贈与をしなかった人に比べて税の負担が少なくなってしまいますね。

このような、贈与による相続税の不公平を是正するために「贈与税」が設けられているのです。**贈与税が相続税法で定められているのは、相続税を補完する性格の税金だから**といえるでしょう。

贈与税は、相続税に比べて基礎控除額も少なく、税率の累進性も高くなっています。これは**むやみに生前贈与することを防止するためのもの**と考えられます。

ただし、親族間の贈与でも左の図上のようなものは、社会通念上必要なものとして、贈与税が非課税です。反対に、図下のように一般には贈与といわないようなものでも、贈与税の課税対象になるものがあるので注意しましょう。

贈与税のかからないもの・かかるもの

贈与税がかからないもの

扶養義務者からの生活費や教育費で
社会通念上相当なもの

祝い金や香典など社交上の贈与

贈与税がかかるもの

時価とかけ離れた価格で財産の売買を
行なった場合の、取引価格と時価との差額

債務の肩代わりをした場合の返済額

保険料を支払ってもらった生命保険の満期
保険金など

8

贈与税は、どのように計算するのか？

1年間に贈与を受けた金額を集計するが、基礎控除が110万円ある

贈与税も、財産を贈った人（贈与者）ではなくもらった「受贈者」のほうにかかります。

贈与税の計算は、まず、1月1日から12月31日までの暦年ごとに（暦年課税）、贈与を受けた金額を集計します（贈与財産）。**贈与者ごとの集計ではないので、たとえば1年の間に父と祖父から贈与があったという場合でも1つに合算**するわけです。

次に、保険料を負担していない生命保険金の満期金などの「みなし贈与財産」があればそれも加え、そこから、社交上必要と認められる祝い金などの「非課税財産」を引きます。

さらに、**贈与税には年間110万円の基礎控除が認められる**ので、この「基礎控除額」を引いて「課税価格」を求めます。課税価格に掛ける税率と控除額は左の表のとおりです。高齢者の資産を積極的に若い世代に移転するため、18歳（令和4年3月31日以前の贈与については20歳）以上の直系卑属への贈与には優遇措置として「特例税率」で一般より税率が抑えられています。住宅取得資金、教育資金などは贈与税を軽減する特例もあります（↓P183）。

贈与税の計算式は？

贈与財産 ＋ みなし贈与財産 － 非課税財産 － 基礎控除110万円

＝ 贈与税の課税価格

贈与税の速算表

平成27年１月１日以後の贈与では

課税価格		一般		直系卑属（18歳以上）	
		税率	控除額	税率	控除額
	200万円以下	10%	—	10%	—
200万円超	300万円以下	15%	10万円	15%	10万円
300万円超	400万円以下	20%	25万円		
400万円超	600万円以下	30%	65万円	20%	30万円
600万円超	1000万円以下	40%	125万円	30%	90万円
1000万円超	1500万円以下	45%	175万円	40%	190万円
1500万円超	3000万円以下	50%	250万円	45%	265万円
3000万円超	4500万円以下	55%	400万円	50%	415万円
4500万円超				55%	640万円

（課税価格 × 税率）－ 控除額 ＝ 贈与税の納付税額

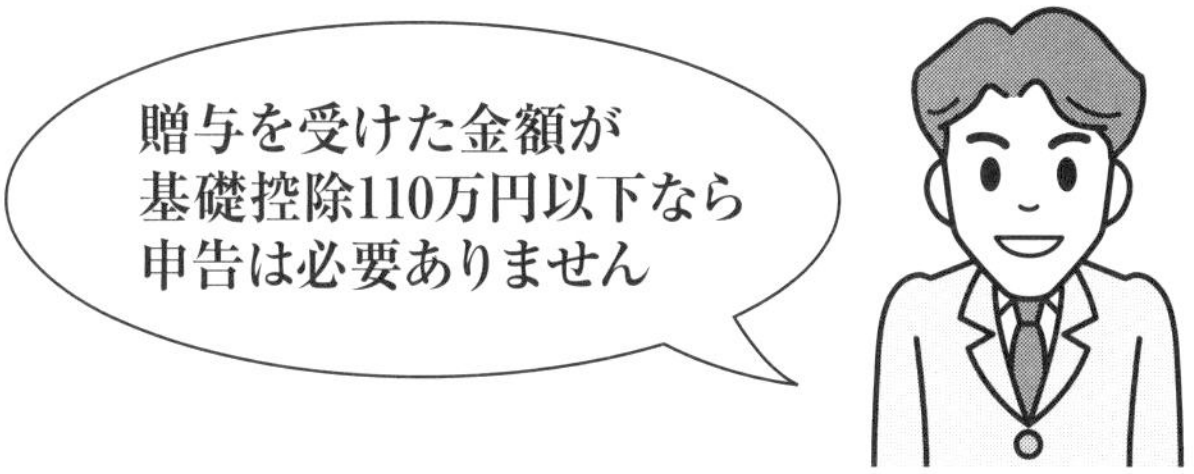
贈与を受けた金額が
基礎控除110万円以下なら
申告は必要ありません

9 比較的気軽に生前贈与ができる制度とは？

相続税と一体化して、生前贈与の贈与税を軽くする制度がある

贈与税はもともと相続税の補完的な税金なので、相続税と一体化して税額を計算する制度があります。これを「**相続時精算課税**」と呼びます。この制度を利用すると、財産を贈与した場合の贈与税が軽減され、比較的気軽に生前贈与ができるようになります。

ただし、相続のときには、贈与された財産と相続財産を合計した額に相続税が課税されて精算されるので、相続税対策にはなりません。

精算する際の贈与財産の価格は、贈与時の価格となるので、値上がりの期待できる財産は値上がりした分が受贈者のトクになります。この制度の利用を検討してもいいでしょう。

適用対象は、60歳以上の親・祖父母から18歳以上の子・孫への贈与で、通常の納税方法とどちらを選ぶかは受贈者が選択します（贈与税申告の際に税務署長に届け出る）。

この制度を選択すると、生涯にわたって何回でも、贈与財産２５００万円を超えるまで非課税となり、超えた額については一律20％の課税となります。

なお、令和５年度の税制改正で、相続時精算課税にも贈与税と同じような年１１０万円の基礎控除が設けられました。相続時精算課税制度を選択した人は、年合計１１０万円までの贈与を受けても申告する必要がなく、相続税も非課税になります。令和６年贈与分からです。

相続時精算課税とは？

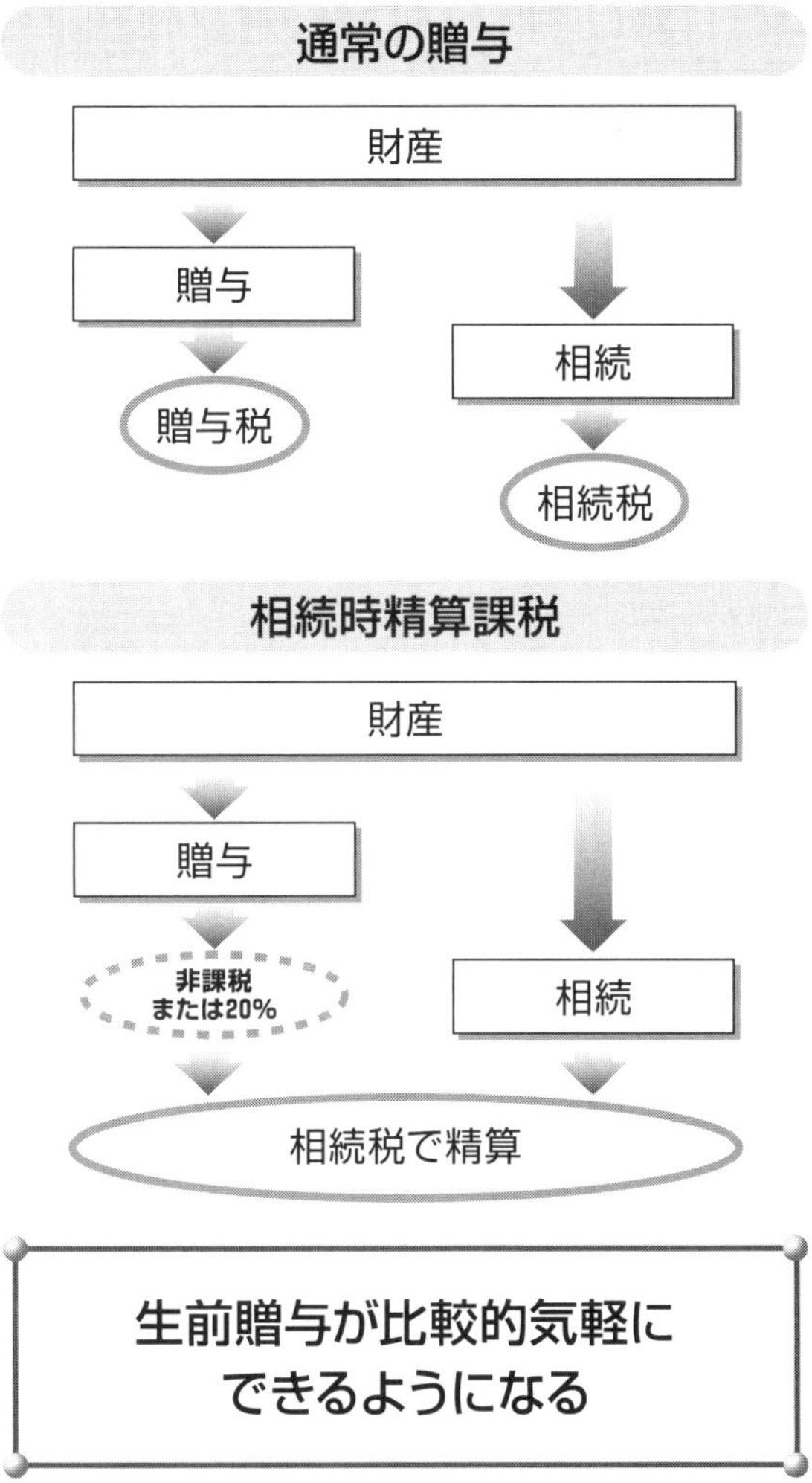

コラム

親からもらうお金は、税金をとられない⁉

令和6年のある日、経理部に若手社員のEさんが現れました。そして顔なじみの女性社員Cさんを見つけると、おずおずと切り出しました。

「あのー、去年の10月に消費税のインボイス制度ってのが始まったんですよね。消費税の分、ぼくの給料が上がるなんてことは……ないですよね？」

「……？？　お給料は消費税の対象外なので（→P192）、もともとかかってませんから、インボイス制度が始まって変わることもないですよ。なぜそんなこと聞くんです？」

「やっぱり。このところ物価が上がって、とられる消費税も増えてるじゃないですか。何とかならないのかなあと思って。税金って、とられる一方なんだから」

すると、そこに居合わせたAさんが口をはさみました。

「税金は、とられる一方というわけでもないですよ。たとえば、ご両親や祖父母からお金を贈ってもらっても、贈与税をとられない場合などがあります」

「えっ、税金をとられない⁉」Eさん、よくわからないまま喜んでいます。

42ページで説明したように、政府はそのときどきの政策の手段として税金を高くしたり、安くしたりすることがあります。近年、課題とされているのは、高齢者の資産を何とか若年世代に移転できないかという問題です。これに対して税制上の措置がとられています。**祖父母が、金融機関に子・孫名義の口座などを開設し、教育資金を一括して拠出した場合に、子・孫ごとに1500万円まで贈与税が非課税**とされるのです（↓巻末❷）。

教育費の範囲は、主に学校などへの入学金や授業料とされています。塾や習い事の月謝なども含まれますが、学校以外への支払いは500万円が限度です。

この贈与税の非課税措置は、令和8年3月31日まで延長されています。

ほぼ同様のしくみで結婚・子育て資金の贈与税が非課税となる制度も利用可能です（↓巻末❸）。こちらは1000万円（結婚の費用は300万円）までを非課税とし、令和7年3月31日までの措置になっています。

「うーん、子供の教育資金や子育て資金の話はまだだいぶ先だなあ」とEさん。

「じゃあ」と、A税理士が話を続けます。

「住宅取得資金はどうです？　これも贈与税非課税になりますよ」

「住宅取得等資金に係る贈与税の非課税措置」は、令和6年1月1日から令和8年12月31

日までの間に取得する住宅用家屋について、18歳以上の人が直系尊属から、その取得に充てるための金銭の贈与を受けた場合に利用できます。

非課税枠は最大１０００万円で、耐震・省エネ・バリアフリーの「良質な住宅用家屋」で１０００万円、その他の住宅で５００万円まで非課税になります（震災特例法の良質な住宅用家屋は１５００万円、それ以外の住宅用家屋は１０００万円）。

なお、贈与を受ける人の年齢は令和４年から引き下げられて、18歳以上です。以前にあった、中古住宅を購入する場合の築年数に関する要件や、新築住宅の契約締結日に関する要件は廃止されています。

住宅の省エネ基準や受贈者の所得、住宅の床面積など細かい適用要件がありますが、「住宅取得等」とあるとおり、同時に取得する敷地、それに居住用家屋の増改築も可です。

「へえー、住宅資金は最高１０００万円まで贈与税がかからないんだ」

「それで、マイホームは令和８年の12月までに買うんですか？」Ｃさんが気になって尋ねました。

「えーと、それはムズいなあ。その前に、いい人見つけて結婚したいかなあ、なんて」

「それじゃ、まだ当分、先の話じゃないですか!?」

第5章

まだまだある！仕事と生活に関わる税金

消費税、そのほかの税金

身近な消費税だけでなく、酒税やたばこ税など、私たちは知らない間に、いろいろな税金を払っている。

1

一番身近な税金、消費税とは？

税収が景気に左右されない、比較的安定した税金といわれてきたが……

私たちが最もひんぱんに払っている税金は、何といっても「消費税」でしょう。といっても消費税法が施行されたのは平成元年で、ほかと比べると新しい税金です。世界史的に見ても歴史は浅く、登場したのは近代になってからです。

消費税は、「消費」に対してかけられる税金なので、法人税や所得税に比べて景気に左右されず、税収が安定しているという特徴があります。そのため、消費税のような「付加価値税」（→巻末❽）を税金の中心に置くことが世界的な流れになっているのです。

消費税（国分）の収入については、従来から福祉予算に充てるものとされていましたが、平成26年の８％への税率引上げに際して、年金・医療・介護の社会保障給付と少子化に対処するための経費（社会保障４経費）に充てることが消費税法に明記されました（左図参照）。増え続ける社会保障費をまかなうため、**令和元年10月1日からはさらに10％に引き上げられましたが、それで税率アップに歯止めがかかるのか、予断を許しません。**

消費税は社会保障に充てられている

（令和５年度予算の一部）

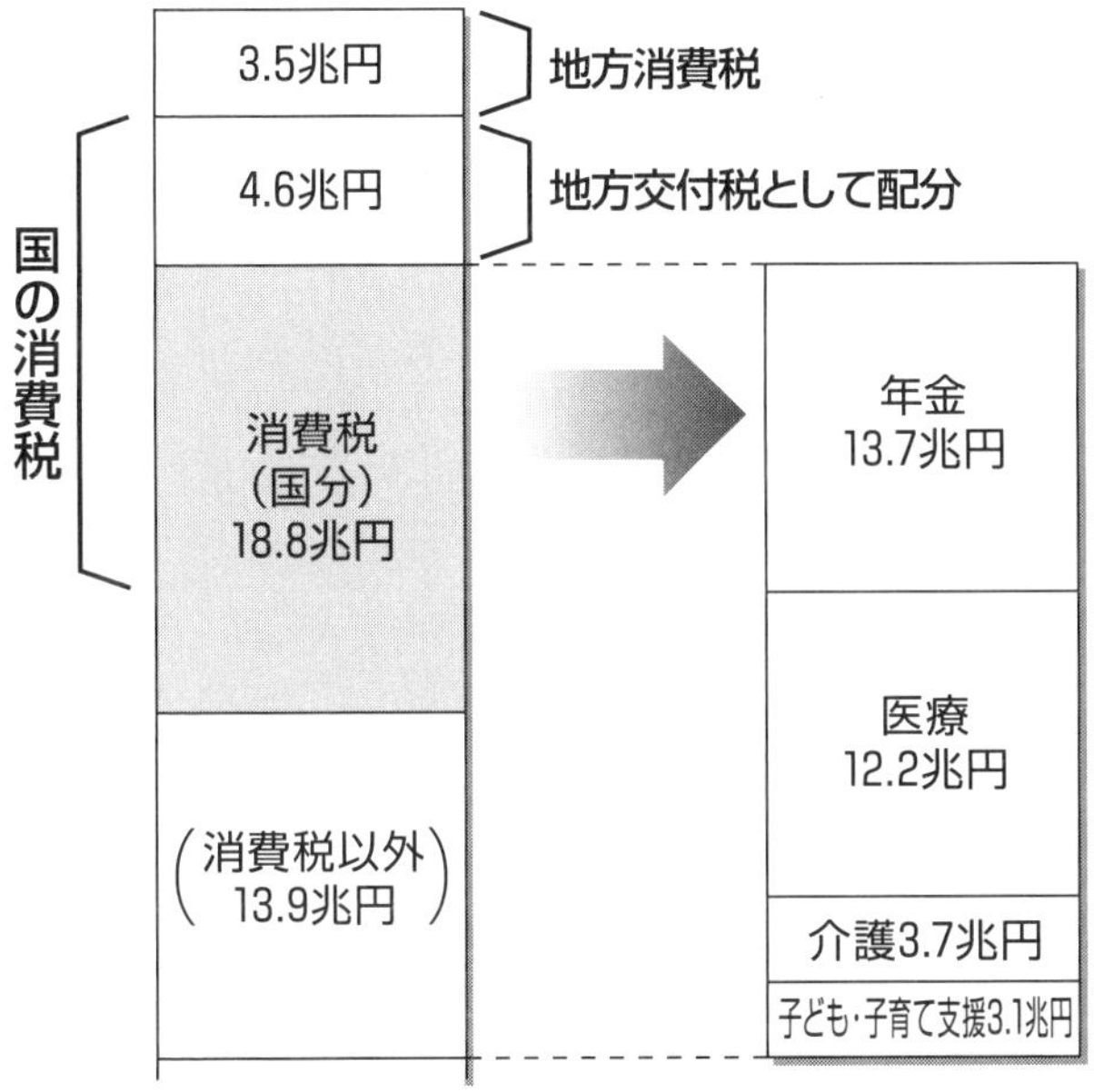

財務省（消費税の使途に関する資料）より作成（www.mof.go.jp/）

**平成11年度以降、予算の使い方を定めた
「予算総則」に福祉予算に
充てることが明記されていた。
26年改正では消費税法に明記された。**

2 消費税は、どんなしくみで集められるのか？

生産・流通・小売の各段階で課税されるが、最終的に負担するのは消費者

◉—消費税は、税を負担する人が納税しない「間接税」

私たちはモノやサービスを消費するたび、消費税を支払っています。しかし、自分で商売をしている人を除けば、消費税を直接「納税」していません。誰が納税しているかというと、私たちがモノやサービスを買った事業者です。

たとえば、１００円ショップで１００円商品を買うと、私たちは１１０円を支払います（飲食料品以外の場合）。このうちの10円は、お店などが税務署に納めます。このとき、お店は消費税を預かるだけで、自分では負担していません。

このように、税を負担する人（担税者）と、税を納める人（納税者）が異なるのが「間接税」（→P62）です。**消費税は、代表的な間接税**なのです。

ところで、１００円ショップは私たちから10円を預かり納税しますが、工場などから仕入れる際には自らも消費税を支払っているはずです。その分の消費税は、工場などが納税しま

消費税の納税のしくみ

工場

商品

代金
80円

消費税
8円

納税
8円

納税
合計
10円

100円
ショップ

商品

代金
100円

消費税
10円

納税
2円

間接的に
納めている

消費
者

本体
100円

税負担
10円

納税するのは工場やショップだが、
税を負担しているのは消費者

すから、そのままだと二重に支払っているということになってしまいます。その工場なども、原材料を仕入れる際に消費税を払うということを考えれば、四重五重の課税になっているということなのでしょうか。

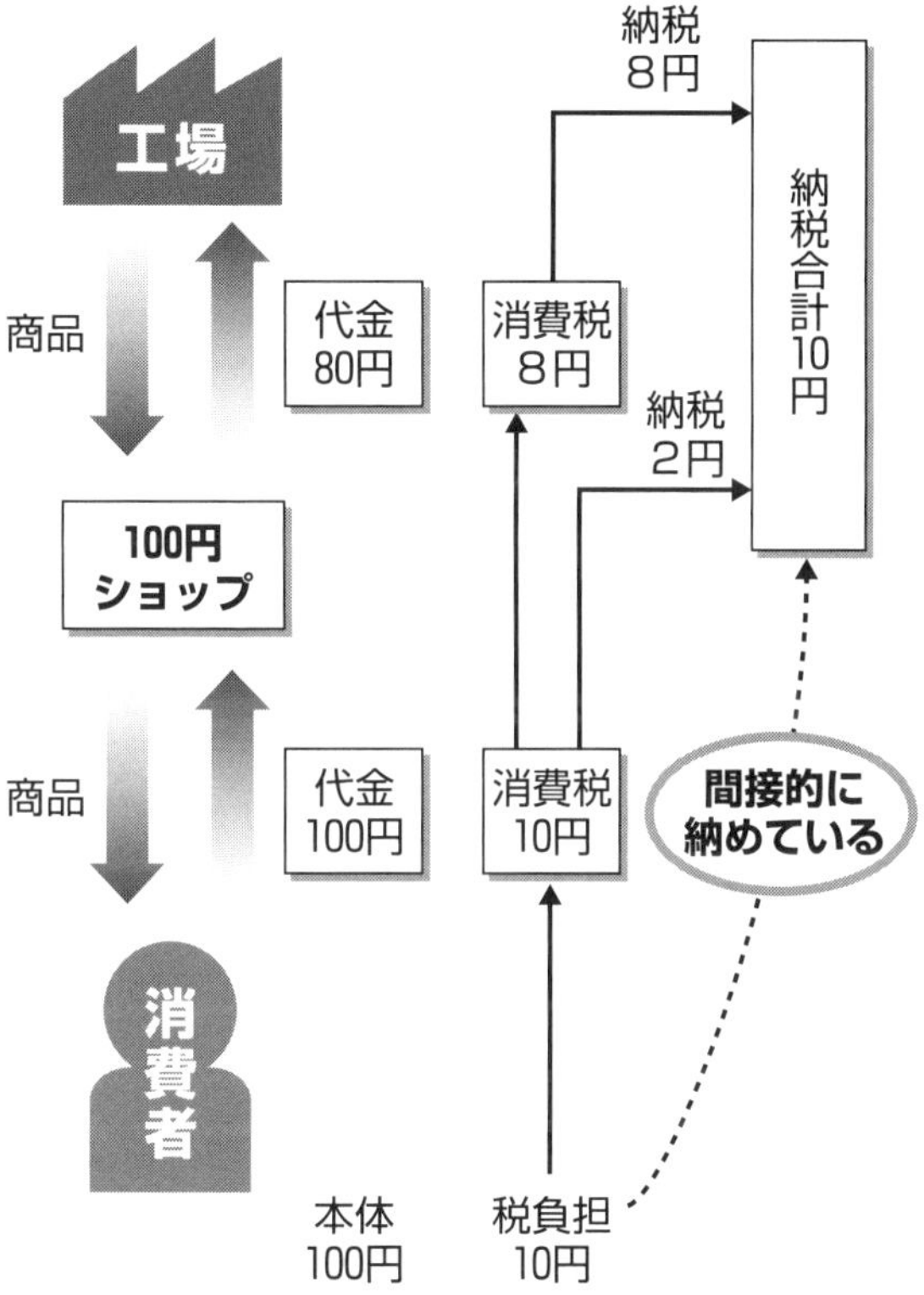

そのようなことにならないよう、**事業者が納める消費税を計算する際には、仕入れるときに支払った消費税を差し引く**しくみになっています。

正確にいうと、消費税の課税売上にかかる消費税額から、課税仕入にかかる消費税額を控除して、納税額を計算しているということです。

この控除のことを「**仕入税額控除**」といいます。仕入税額控除があるため、左の図のように長い流通過程があっても消費税の総額は10％に収まり、それを最終的な消費者が負担することになるのです。

◉――10％のうち2・2％は「地方消費税」

消費税とひと口にいっても、実は10％のうち7・8％が国税で、残り2・2％は「地方消費税」（都道府県税）です。飲食料品などの8％では6・24％が国税、1・76％が地方消費税になり、合わせて10％、8％になっているのです。

もっとも、**消費税を納税する事業者が、国の消費税と地方消費税を分けて申告・納付する必要はありません**。事業者の事務負担を軽くするため、地方消費税も国の消費税と合わせて税務署に申告・納付することになっているからです。

税務署に納めた地方消費税は、後日、国から都道府県に払い込まれます。

消費税の「仕入税額控除」とは？

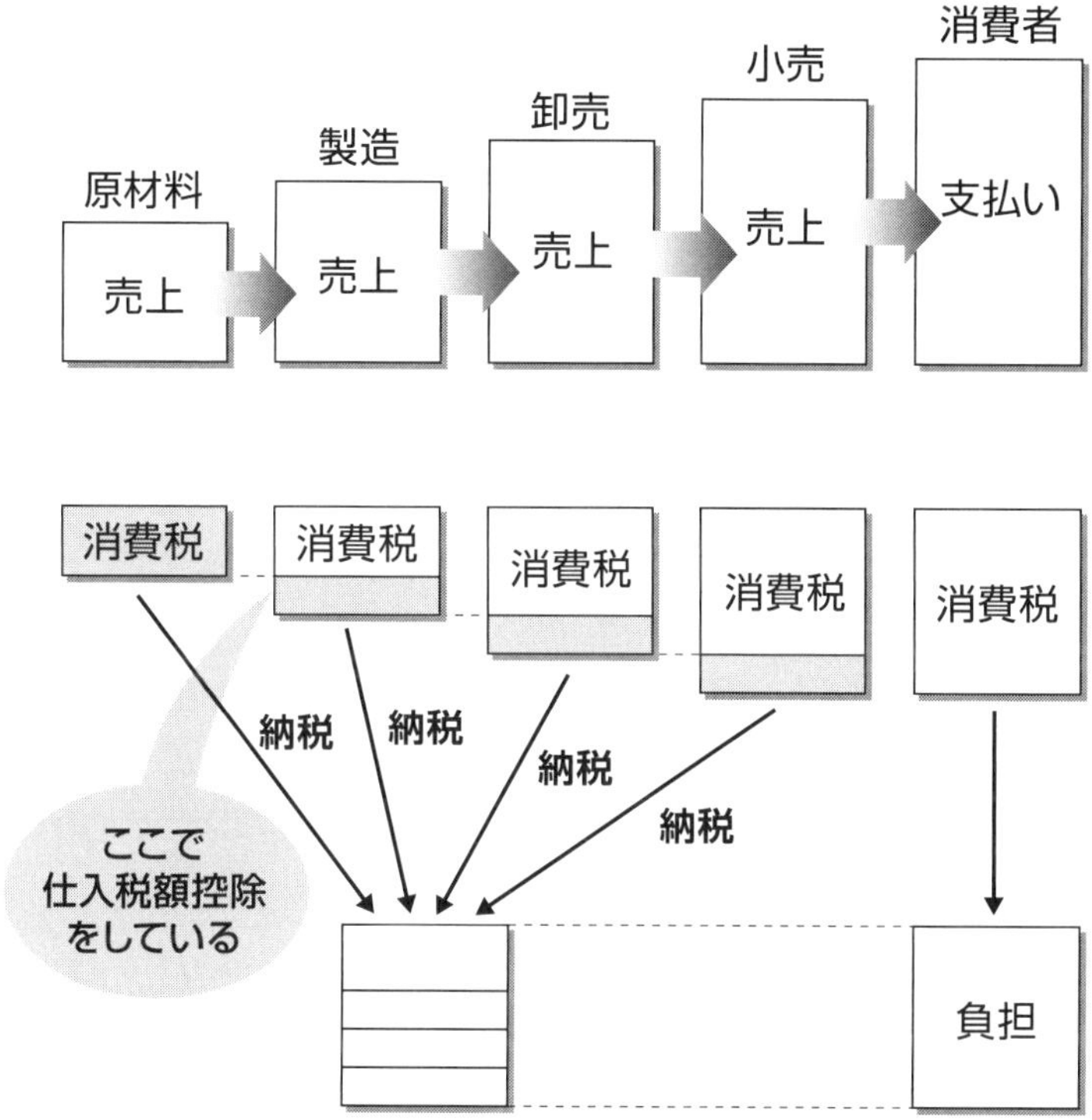

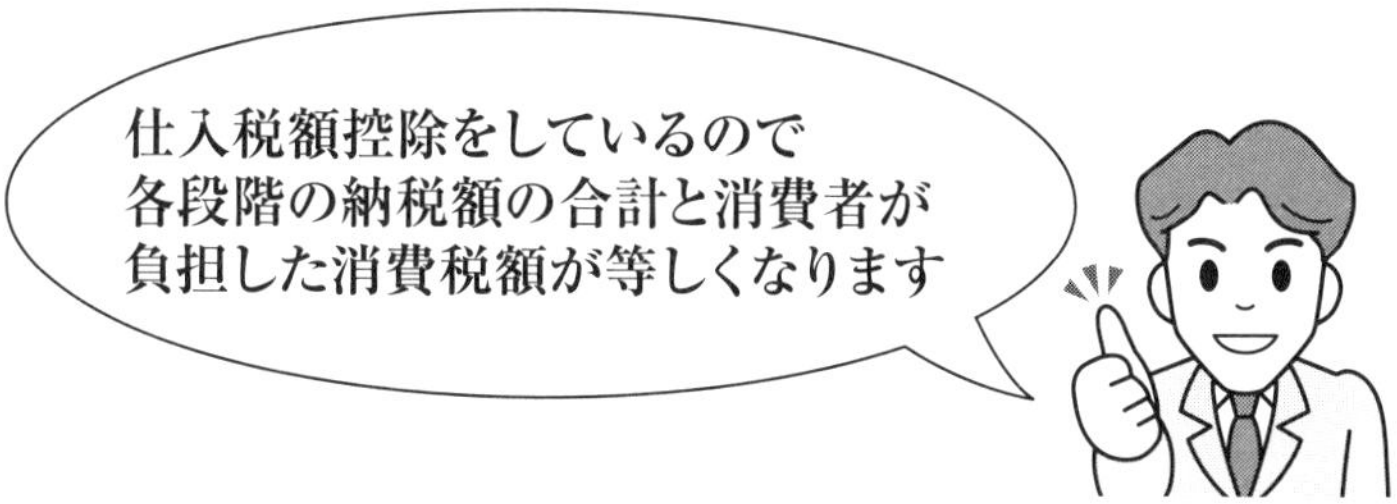

3 消費税がかかるもの、かからないもの

4要件を満たす取引に課税。ただし非課税取引とされるものもある

消費税の課税対象には「4要件」というものがあって、①国内において、②事業者が事業として、③対価を得て行なう、④資産の譲渡や貸付け・役務（サービスのこと）の提供、ということになっています。

ですから、海外旅行中にいくら消費しても日本の消費税は課税されないわけです。

また、**サラリーマンの給料も「事業者が事業として」得たものではないので課税対象外です**し、たとえ資産の譲渡であっても寄附や贈与などは対価を得ないので非課税なのです。

このほか、消費税の性質になじまないものや、社会政策的配慮から非課税取引とされるものがあります（左図参照）。**令和2年度の税制改正では、基準を満たすベビーシッターや認可外保育所の利用料も、子育て世代の負担軽減のために非課税**とされました。

また、輸出取引は一定の要件が満たされれば「免税」とされています。輸入取引は、原則として国内に引き取る際に課税されます。

¥ 消費税がかかる取引・かからない取引

消費税がかかる

4要件

- ①国内において
- ②事業者が事業として
- ③対価を得て行なう
- ④資産の譲渡や貸付け・役務の提供

消費税がかからない

消費税の性質になじまないもの

- ·土地の譲渡および貸付け
- ·有価証券などの譲渡
- ·預貯金や貸付金の利子
- ·商品券、プリペイドカードなどの譲渡

など

社会政策的配慮から

- ·健康保険法などによる医療
- ·介護保険サービスの提供
- ·社会福祉事業などによるサービスの提供
- ·火葬料や埋葬料を対価とするサービスの提供
- ·学校教育

など

4 消費税の計算・申告の方法とは？

⬇「預かった消費税額－支払った消費税額」の計算は、事務処理が大変

◉──前々年の売上が5000万円以下なら「簡易課税」もできる

消費税を納める事業者は原則として課税売上にかかる消費税額（預かった消費税額）から課税仕入にかかる消費税額（支払った消費税額）を引いて納税額を計算します（↓P190）。

ところが、**預かったほうはともかく、支払った消費税額の計算はとても面倒**なのです。消費税は電話代や交通費などのあらゆる経費に含まれていますし、機械や自動車といった資産を購入した代金にも含まれていますね。これらも、課税仕入になります。すべてを集計するのは、中小の事業者にとって大きな事務負担です。

そこで、**中小事業者に対しては、簡便法で計算する特例が認められています**。預かった消費税額に一定の率（みなし仕入率）を掛けた金額を支払った消費税額とみなし、納税額を計算するという方法です。

みなし仕入率は、業種別に左の図表のように決められています。

消費税の「簡易課税」とは？

原則課税

預かった消費税額 － 支払った消費税額 ＝ 納付する消費税額

大きな事務負担になるので

簡易課税

預かった消費税額 －（預かった消費税額 × みなし仕入率）＝ 納付する消費税額

※消費税の軽減税率が適用される食用の農林水産物を生産する事業は、令和元年10月１日を含む課税期間より、第３種事業（みなし仕入率70%）から第２種事業（みなし仕入率80%）になっています。

	業種区分	みなし仕入率
第1種事業	卸売業	90%
第2種事業	小売業	80%
第3種事業	製造業等	70%
第4種事業	その他の事業	60%
第5種事業	サービス業等	50%
第6種事業	不動産業	40%

この方法は、いちいち集計する「原則課税」に対して、「簡易課税」と呼ばれています。

簡易課税制度を利用できるのは、個人なら前々年、法人なら前々年度（基準期間）の課税売上高が５０００万円以下の事業者で、前期末までに届出が必要です。課税売上高が１０００万円以下のさらに小規模な事業者は、消費税の納税義務を免除されます。

開業１年目と２年目も、基準期間の売上高がないため免税事業者となりますが、資本金などが１０００万円以上ある事業者は免除になりません。また、この期間に原則課税を選択して高額資産（税抜１０００万円以上の棚卸資産または特定の固定資産）を取得すると、還付を受けられる余地があるものの、その期間を含めて３課税期間は免税も、簡易課税も適用されないことになっています。

◉税額が48万円を超えると、翌期は「中間申告」が必要

消費税の計算は、法人税や所得税と同じ期間で行ないます（課税期間）。

申告と納税の期限は、法人の場合は事業年度の終了の日の翌日から２カ月以内、個人事業者は翌年３月末日までです。法人税の申告を延長している法人（→Ｐ136）は、届け出て消費税の申告・納税も延長できます（令和３年３月31日以後に終了する事業年度の末日の属する課税期間から）。

ただし、確定申告で年税額（国税部分、以下同じ）が48万円・４００万円・４８００万円を超えると、次の課税期間は「中間申告納税」をし、左の図のような期限で、前年の確定税額の2分の1、4分の1、12分の1を納めなければなりません。

なお、各期間の仮決算をして中間申告税額を計算し、申告納付することもできます。

¥ 消費税の申告・納税期限は？

確定申告

法人	期末から2カ月
個人事業者	翌年の3月末日

＋

中間申告

前期の確定税額（国税部分）が…

48万円超 400万円以下	6カ月目から2カ月以内
400万円超 4800万円以下	3カ月目、6カ月目、 9カ月目から2カ月以内
4800万円超	毎月末から2カ月以内

※自主的に中間申告・納付できる制度もあります

5 消費税増税で導入された「軽減税率」とは？

飲食料品や新聞などの税率は8％に据え置かれている

消費税率を10％に引き上げるときに導入されたのが「軽減税率」です。**飲食料品などに限って、標準より低い8％の税率**とされました。

軽減税率が求められたのは、消費税に「逆進性」があるからです。消費税率が上がると、高所得者に比べて、低所得者ほど税負担の割合が大きくなってしまいます。そこで、生活に不可欠な飲食料品などの税率は低く据え置こうというわけです。

ただ、軽減税率が導入されると、小売事業者などは2つの税率を使い分けることになります。**POSシステムの更新やレジの入れ替えなどは、事業者にとって大きな負担**です。

そこで当初は、「区分記載請求書等保存方式」などが認められました。請求書や領収書、レシートなどで、どれが軽減税率の対象であるかをわかるようにし、10％対象と8％対象ごとに合計した額を記載すればよい、としたものです。

また、標準的な10日間の軽減税率対象の販売割合を計算し、そこから年間の納税額を計算する「軽減売上割合の特例」なども認められました。

いずれにしても、**令和5年10月からは、より厳格な「適格請求書等保存方式」が導入されています**。「インボイス制度」といわれるものです。

¥ 消費税の「軽減税率」の移り変わり

- 消費税率引上げの **令和元年10月** に導入
- 対象品目は **①酒類・外食を除く飲食料品 ②新聞の定期購読料**
- 軽減税率は **8%** （国分6.24%、地方分1.76%）
- 事業者には当面（令和5年9月30日まで） **区分記載請求書等保存方式**

  軽減売上割合の特例 が認められた
- 令和5年10月から **適格請求書等保存方式** を導入

  （インボイス制度）

軽減税率の導入で当初は「区分記載請求書等保存方式」になったが令和5年10月からはインボイス制度に

6

「インボイス」で何が変わったのか？

登録番号の記載が必須になって、免税事業者は選択を迫られることに

◉——売上1000万円以下の免税事業者は適格請求書等（インボイス）を発行できない？

適格請求書等保存方式で「等」とあるのは、請求書のほか領収書や納品書も含むということです。

では、適格請求書等（インボイス）とは、どんな請求書等なのでしょうか。実は、見た目の上では現在の区分記載請求書とあまり違いません。後で見るように、**最も大きな違いは「適格請求書発行事業者の登録番号」が記載されるという点**です。

しかし、これが非常に大きな違いなのです。なぜかというと、適格請求書等保存方式では「適格請求書等の保存が仕入税額控除の要件」とされるからです（仕入税額控除→P190）。

どういうことかというと、事業者が納める消費税は、消費者から預かった消費税から、事業者が支払った消費税を差し引いたものです（203ページ図）。

ここで差し引く消費税の額（仕入税額控除）は、登録番号が記載された適格請求書等を保

存しているしか認められないということなのです。そして**登録番号は、税務署に申請した課税事業者（適格請求書発行事業者）しかもらえません。**

つまり、売上1000万円以下の免税事業者は、そのままでは適格請求書等を発行できな

￥ 適格請求書とはどういうもの？

適格請求書等の記載事項

①適格請求書発行事業者の氏名又は名称及び登録番号
②取引年月日
③取引内容（軽減税率の対象品目である場合はその旨）
④税率ごとに合計した対価の額
（税抜き又は税込み）及び適用税率
⑤消費税額等（端数処理は１請求書当たり、
税率ごとに１回ずつ）
⑥書類の交付を受ける事業者の氏名又は名称

⑥→ **株式会社○○御中**　　××年11月30日

請　求　書

XX年11月分

11/1	牛肉	※	5,400円
②→ 11/2	小麦粉	※ ←③	2,160円
…			
11/30	ビール		6,600円
	合計		87,200円
	うち消費税		7,200円

※　軽減税率対象

④→（10%対象 40,000円　消費税4,000円）←⑤
（ 8%対象 40,000円　消費税3,200円）

△△株式会社
登録番号T1234567890123 ←①

（国税庁資料より引用）

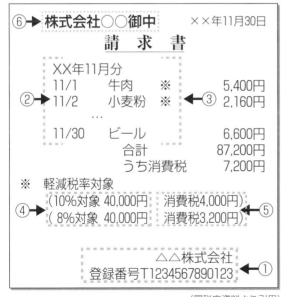

いということです。

◉――納税免除をとるか、課税事業者になって納税するか

これによって免税事業者は、インボイスを発行できないことを理由に、取引を打ち切られるなどの心配があります。また、**免税事業者がインボイスを発行するには、課税事業者になる必要がありますが、そうなると消費税申告の事務負担と、納税の負担が増える**ことになるのです。

インボイスへの移行をスムーズにするため、左の表の期間、インボイスがなくても一定割合を仕入税額控除できる経過措置もとられています。しかし実際には、インボイスを求める取引先に配慮して、免税事業者が課税事業者として登録するケースが増えているそうです。

そこで、令和5年度の改正では、課税事業者となった小規模な事業者の税負担を軽くする措置がとられています。令和5年10月から3年間、消費税の納税額を、受け取った消費税額の2割にできるというものです。

また、仕入税額控除の事務負担を軽減する措置も、同時にとられました。年間売上高が1億円以下の場合などは、令和5年10月から6年間、税込価格1万円未満の取引についてはインボイスがなくても仕入税額控除ができるというものです。

インボイスがないと納める消費税が増える！

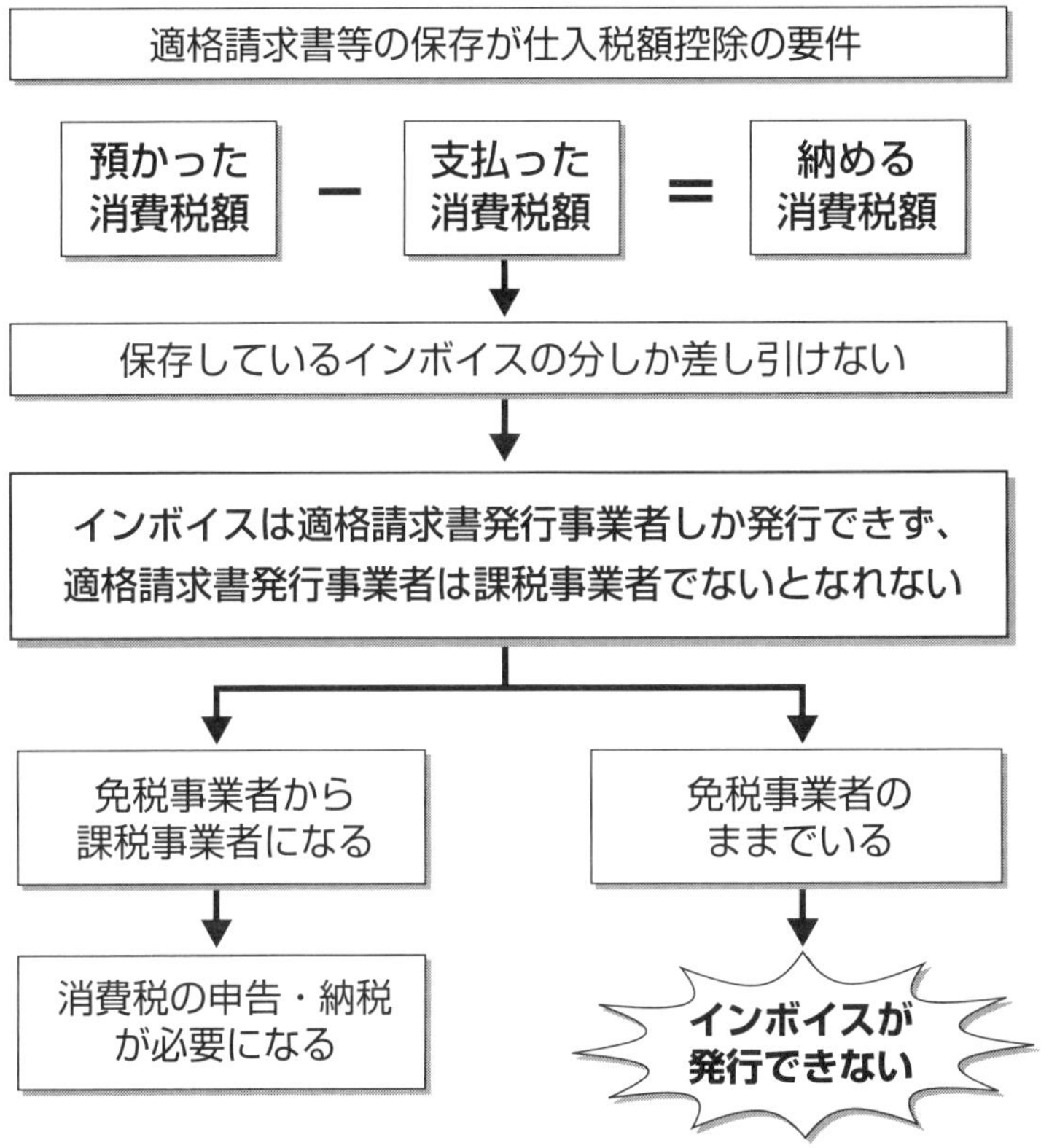
適格請求書等の保存が仕入税額控除の要件
預かった消費税額
－
支払った消費税額
＝
納める消費税額
保存しているインボイスの分しか差し引けない
インボイスは適格請求書発行事業者しか発行できず、
適格請求書発行事業者は課税事業者でないとなれない
免税事業者から課税事業者になる
消費税の申告・納税が必要になる
免税事業者のままでいる
インボイスが発行できない

免税事業者からの請求書でも消費税の計算に入れられる期間と割合

期間	割合
令和5年10月1日～ 8年9月30日	仕入税額相当額の80%
令和8年10月1日～11年9月30日	仕入税額相当額の50%

7 「お酒やたばこ」にかかる税金とは?

「酒税法」「たばこ税法」「租税特別措置法」などで定められている

お酒やたばこの値段の中に「酒税」「たばこ税」が含まれていることはご存じでしょう。それぞれにちゃんと「酒税法」「たばこ税法」などの税法があるのです。

酒税は国税で、税率は種類・品目・アルコール度数により細かく決められています。平成29年度の税制改正で「酒税改革」が行なわれ、令和2年から8年の間に3段階に分けて、左の図のように税率が変更される予定です。

発泡酒と新ジャンル、それにワインが増税の一方で、ビールと清酒は減税になり、ビール系と清酒・果実酒系の税率がそれぞれ一本化されます。チューハイやハイボールは増税です。

たばこ税は実は、左の図のように4本立てになっています。平成30年度の改正で、30年から令和3年の各年10月に3段階に分けて、紙巻きたばこ1本当たり1円ずつ、計3円の増税になりました。図にはありませんが、加熱式たばこ・葉巻たばこも令和4年までに増税になり、加熱式たばこについては、防衛力強化の財源としてさらに増税が予定されています。

¥ 酒税・たばこ税の税額は？

	平成31年		令和8年10月
ビール 350ml当たり	77.0円	→	54.3円
発泡酒 350ml当たり（麦芽比率25%未満）	47.0円	→	54.3円
新ジャンル 350ml当たり	28.0円	→	54.3円
清酒720ml当たり	86.4円	→	72.0円
ワイン720ml当たり	57.6円	→	72.0円
チューハイ等 350ml当たり	28.0円	→	35.0円
ウイスキー（40度） 700ml当たり	280.0円	→	280.0円

1本当たり	たばこ税	道府県たばこ税	市町村たばこ税	たばこ特別税
平成31年	5.302円	0.860円	5.262円	0.820円
令和3年10月	6.802円	1.070円	6.552円	0.820円

コラム

地方が頼りにしている税金とは？

ある日、Aさんが経理部に顔を出すと、Cさんが新聞に見入っていました。

「どうしました？　何か気になる事件でも？」

「あ、A先生、ちょうどいいところに！　新聞によく出てくる、この『地方交付税』って税金のことなんですけど……。私、会社で徴収も納税事務もしたことないのですが、どんな税金なんでしょう？」

「ああ、地方交付税。それはですね……」

地方交付税というのは、税金の種類ではありません。簡単にいうと、国税として国が集めた税金の一部を地方公共団体に交付するお金で、財源が税金であるために『交付税』と呼ばれているのです。

具体的には、所得税・法人税・消費税・酒税・地方法人税の一定割合が、地方交付税として配分されています。法人住民税の一部を国税にして新設された地方法人税も、地方交付税として配分されるのです。

このことからもわかるように、地方の財源不足を補い、また地域間の財政格差を調整して、どこでも標準的な行政サービスを受けられるようにするというのがその目的です。

ちなみに、税収格差是正の一環として地方消費税（→P190）も、配分方法が見直されています。以前は、税収の75％が各都道府県の消費額に応じて配分されていたのを、50％に引き下げ、17・5％が人口に応じて配分されていたのを、50％に引き上げられているのです。従業者数に応じて配分されていた7・5％分は廃止されています。

総務省によると、この見直しにより東京、大阪、北海道、広島、福岡の5都道府県は税収が減り、その他の42府県では増えたそうです。

「というわけで地方交付税は、税務の担当者としては知っておく必要はないでしょうが、納税者としてはこれからも注目していきたい『税』ですね」とAさん。

「私なんか、税金を納めるの大嫌いだから」とたまたま通りかかったB社長。「納税者というより〝ノー税者〟だな」とギャグを飛ばします。

「私は仕事柄、税金の話が好きですから……。〝ゴー税者〟かな？　もっとも〝ゴーガク納税者〟ではないですが……」負けじとAさん。

そばで聞いていたCさんは、聞こえないふりです。

8 自動車を持つとかかる税金とは？

「自動車税」「軽自動車税」に「自動車重量税」。自動車取得税は「環境性能割」に

いろいろなモノの中でも、**自動車は持っているだけで税金がかかる**ものの代表ですね。まず、乗用車・バス・トラックには「自動車税（種別割）」がかかります。軽自動車やバイク、原チャリには「軽自動車税（種別割）」です（大型特殊自動車に限っては「固定資産税」→Ｐ218）。自動車税は都道府県税ですが、軽自動車税は市町村税で、毎年４月１日現在の所有者に納税義務があります。

自動車と軽自動車は、取得したときに消費税とは別に「自動車税（環境性能割）」もかかります。自動車本体だけでなく、買ったときにつけたエアコン、カーコンポなども課税対象です。ただし、取得価額50万円以下であれば課税されません。**以前の自動車取得税は消費増税に合わせて廃止され、代わりに「環境性能割」が導入されたわけです**。税率は取得価額の最大３％です。

さらに、車検で自動車検査証の交付を受ける人は、「自動車重量税」もかかります。

¥ 自動車に関わる税金

	 自家用自動車	 営業用自動車　軽自動車
取得すると	**自動車税（環境性能割）** 取得価額の **最大3%**	**自動車税（環境性能割）** 取得価額の **最大2%**
	自動車取得税は令和元年9月に廃止 代わりに環境性能割、最大3%を導入	
持っていると	**自動車税（種別割）** （乗用車の例） 2万9500円（1000cc以下）～	**軽自動車税（種別割）** （自家用の例） 2000円（原付50cc以下）～
	令和元年10月以後の新車登録から 1台当たり年間1000円～4500円の引下げ	
車検を受けると	**自動車重量税** （自家用乗用車の例） 車両重量0.5トン当たり／年 13年未満　4100円 13年経過　5700円 18年経過　6300円	

自動車重量税は国税、自動車税は都道府県税、軽自動車税は市町村税

コラム

エコカー減税は延長、でもその期間は……

昼休みに新聞を読んでいたB社長、来社したAさんを見つけてさっそく質問です。

「A先生、クルマを買い換えようと思うんだが、税金が安くなるクルマはどれかね？」

「クルマの税金ですか？　自動車の税金にはどれも、環境性能に応じて軽減措置がありますよ。取得時にかかる環境性能割はそもそも、環境性能によって非課税・１％・２％・３％の４段階ですからね。ＥＶ（電気自動車）などはほとんど、非課税になります」

「昔、自動車取得税って言ってたやつだな。じゃ、自動車税のほうは？」

「消費増税のときに、自動車税種別割という名前になって税率が引き下げられ、年１０００円から４５００円安くなりました。自動車税種別割にも、燃費基準に応じて50％か75％の減税があります。グリーン化特例なんて呼ばれてますが」

「じゃ後は自動車重量税と。これは車検のたびにかかるから、けっこうデカい」

「いわゆるエコカー減税は、令和8年4月まで続くとされています。燃料電池自動車、プラグインハイブリッド車、電気自動車などは8年4月までに新車登録すれば、1回目と2回目の車検の自動車重量税が免除です。それ以外のクルマの税率は、令和6年以降段階的に免税・減免の基準が厳しくなっていきます」

「エコカーかあ……やっぱり今のクルマに乗り続けるかな」

「何年乗ってるんですか？　グリーン化特例には『重課』といって、税金が重くなる制度もあるんですよ。これも延長になって、新車登録から13年以上経った自家用車は、自動車税と軽自動車税が15％程度重くなります。おまけに、自動車重量税が0・5トン当たり5700円に増税です。209ページの図表で、『13年経過』と書いてあるのがそれですね。**要するに、新車とエコカーは買いやすく、古いクルマは乗りにくく**ってことですよ」

「もうクルマ乗るのやめようか、ガソリン税（→巻末❷）もかかってるし。日本中が同じ税率なんだから、しかたないとは思うが……」

「細かくいうと、そうでもないんですよ。沖縄県には、沖縄の復帰にともなう特別措置というのがあって、ガソリン税が7円軽減されてるんです。ちなみに、沖縄県産の泡盛とかビールの酒税にも、軽減措置があります。令和４年に復帰50年を迎えたのを機に、酒税の軽減措置は段階的に廃止されますけど」

「おー、ガソリンもお酒も税金が安いのか⁉　それはいいな、社長やめて、沖縄支社の支社長になろうかな……」

「あれ？　おたくの会社に沖縄支社なんてありましたっけ？」

「……」

9 モノを売ったら、どんな税金がかかるのか？

↓単発的な譲渡益は、譲渡所得として所得税と住民税が課税される

これまで見てきたように、私たちがモノを買ったり持ったりすると、さまざまな税金がかかります。当然、モノを売ったときにも税金がかかるのです。

個人が財産を売却して利益が出た場合は、所得税と住民税が課税されることになります。所得は10種類に区分されますが（↓P76）、単発的な場合は「譲渡所得」です。繰り返し行なわれる場合は「事業所得」（↓P148）か「雑所得」（↓P226）になります。

譲渡所得は左の図のような計算式で求められます。**建物など時間の経過で価値が減少する資産の場合は、取得費から減価償却費相当額も控除しなくてはなりません**。

ただし、不動産や株式などの売却益は、原則として「分離課税」です。自動車や書画骨董などの動産は、保有期間が5年以内かどうかで「短期譲渡所得」と「長期譲渡所得」に分けることになり、長期譲渡所得は2分の1だけが総合課税の対象になります。

財産の売却益にかかる税金は？

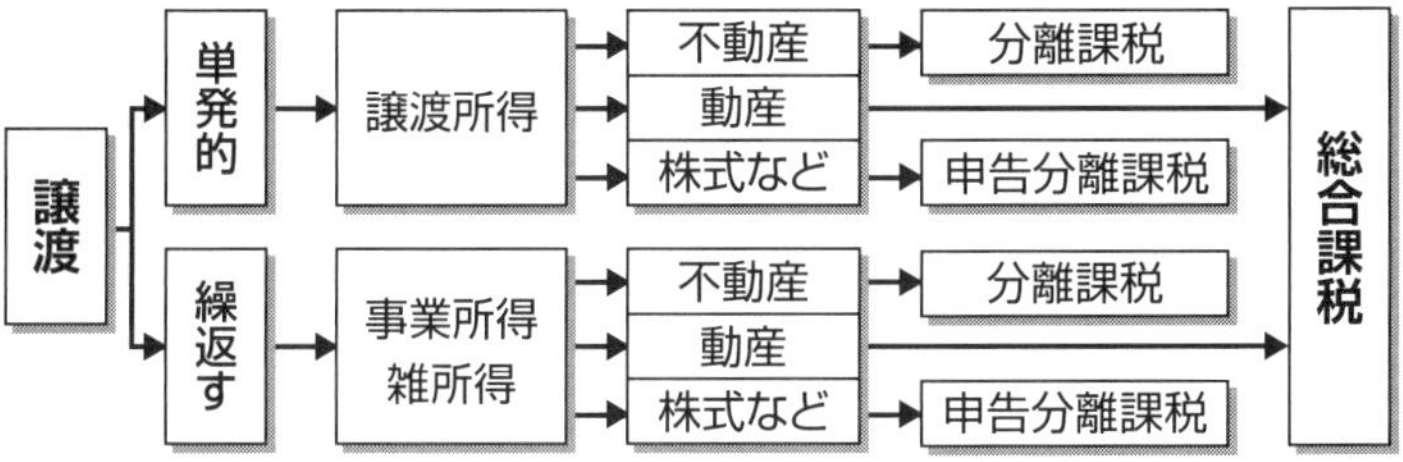

譲渡所得 ＝ 譲渡収入金額 － （取得費 ＋ 譲渡費用）

動産の場合は

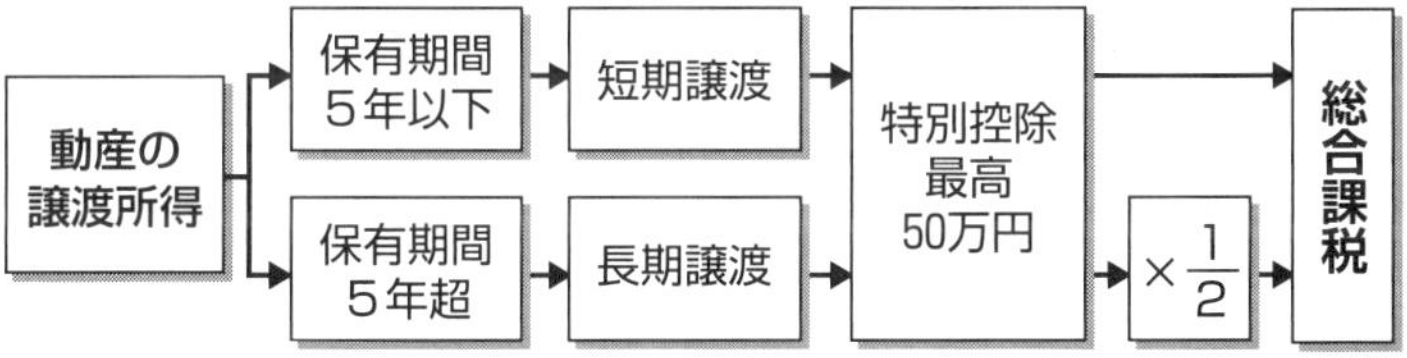

※ゴルフ会員権の譲渡損は他の所得と損益通算できません（平成26年４月１日以後の譲渡から）

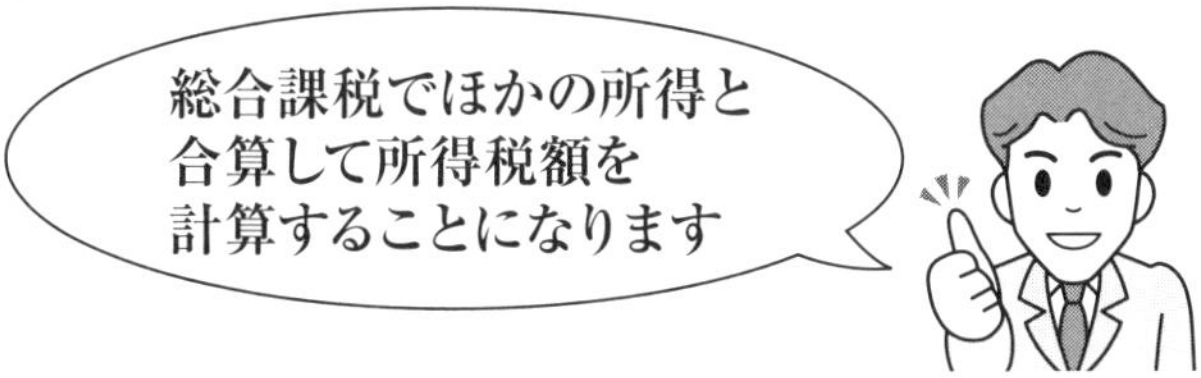

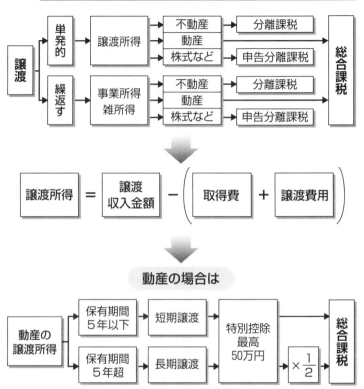

10

不動産を売ったときにかかる税金とは？

⬇土地や建物の譲渡所得は「分離課税」、マイホームなどには軽減税率もある

譲渡所得の中でも、土地や建物などの不動産を売って得た売却益は特別で、ほかの所得とは分けて、「分離課税」（↓P92）で税金を計算します。

また、**保有期間が5年超の「長期譲渡所得」と、それ以下の「短期譲渡所得」に分けられ、短期のほうが高い税率**になります。保有期間は、譲渡した年の1月1日現在で5年超になっているかどうかで判定するので注意しましょう。

不動産の譲渡所得は、譲渡収入金額（売却代金）から取得費と譲渡費用を引いて計算します。**マイホームや、相続した空き家を売ったときの「居住用財産を譲渡した場合の3000万円の特別控除の特例」**（↓巻末❷）など、特定の場合には特別控除も適用できます。

税率は、長期譲渡所得で所得税・住民税の合計が原則20％、短期譲渡所得で原則39％になりますが、マイホームを売った場合などは特例の軽減税率があります。

不動産の譲渡所得に関する主な税率をまとめると、左の図のようになります。

土地・建物の譲渡所得にかかる税率は？

譲渡価額 －（取得費 ＋ 譲渡費用）－ 特別控除 ＝ 土地・建物の譲渡所得

公共事業などのために売った場合の5000万円・マイホームを売った場合の3000万円などの特別控除があります

譲渡所得 × 税率 ＝ 税額

土地・建物の譲渡所得の税率

区分			所得税	住民税	合計
長期譲渡（保有期間5年超）	通常		15%	5%	20%
	マイホームを売ったとき	6000万円以下の部分	10%	4%	14%
		6000万円超の部分	15%	5%	20%
	優良住宅地などのための譲渡	2000万円以下の部分	10%	4%	14%
		2000万円超の部分	15%	5%	20%
短期譲渡	通常		30%	9%	39%
	国や地方公共団体への譲渡など		15%	5%	20%

※平成25年から令和19年までは、復興特別所得税が所得税額の2.1%加算されます

軽減税率の適用を受けるには
それぞれ一定の条件がある

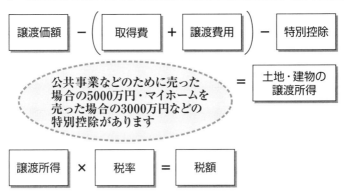

11 土地・建物の購入、所有だけでかかる税金とは？

不動産取得税や固定資産税など。貸して得た所得は不動産所得になる

●——買えば「登録免許税」「印紙税」、持てば「都市計画税」「特別土地保有税」も

土地や建物は、売るときだけでなく、買うときにも税金がかかります。消費税は土地部分は非課税ですが（→P193）、代わりに「不動産取得税」が課税されるのです。

不動産取得税は、購入の場合だけでなく、贈与・交換・建築（新築・増築・改築）などによる取得にもかかります。課税対象は不動産の価格ですが、これは固定資産課税台帳にある「固定資産税評価額」で、実際の購入価格や建築費用ではないことに注意しましょう。

税率は原則4％となっていますが、取得の時期によって特例もあります。また、一定の条件を満たす宅地や住宅には、評価額の減額や控除などの軽減措置も適用されます。

●——マイホームの購入には「登録免許税」もつきものです

登録免許税は、不動産の所有権の移転や保存などの登記のほか、会社の設立や移転などの登記、それに特許権や実用新案権の登録、弁護士・公認会計士・税理士等の国家資格の登録

などにもかかる税金です。

また、売買の契約書をつくるときには、収入印紙を買って貼ることになりますが、これも「印紙税」という税金の納付なのです。印紙税を納付する（収入印紙を貼って消印をする）ことが必要な文書は、契約書や領収書など、印紙税額一覧表に定められています。

¥ 不動産に関する税金は？

	税金	課税標準	税率
買うとき	不動産取得税	固定資産税評価額	標準税率4%
買うとき	登録免許税	登記・登録の種類による	登記・登録の種類による
買うとき	印紙税	文書の種類・記載金額による	文書の種類・記載金額による
買った後	固定資産税	原則として固定資産税評価額	標準税率1.4%
買った後	都市計画税	原則として固定資産税評価額	制限税率0.3%
買った後	特別土地保有税	土地の取得価額	保有1.4% 取得3% （控除あり）

登録免許税・印紙税は不動産以外にもかかる税金です

※特別土地保有税は、平成15年度からは新規課税が停止されています

不動産は、取得した後も税金がかかります。代表的なのは「固定資産税」で、毎年1月1日現在の所有者に対して課税されます。この税金の課税対象になるのが「固定資産税評価額」です。

なお、地域によっては「都市計画税」や「特別土地保有税」も課税されます。先の不動産取得税は道府県税ですが、固定資産税、都市計画税、特別土地保有税は市町村税です。

◉──不動産所得のポイントは「減価償却費」

もし、取得した不動産を売却して、売却益を得たとしたら譲渡所得です。しかし、それを貸して地代や家賃を得た場合は「不動産所得」になります。

不動産所得は、ほかの所得と合算する総合課税（↓P92）のひとつです。

不動産所得の金額は左の図のように、収入金額から必要経費を引いて求めます。

必要経費としては、修繕費・管理費・固定資産税・火災保険料などがありますが、重要なのは「減価償却費」でしょう。減価償却費とは、建物等は時の経過などで価値が減少するので、その分を経費として処理するためのものです。

左のように、平成28年4月1日以後に取得した建物附属設備・構築物の例でいうと、取得価額に建物ごとに決められた法定耐用年数に応じた償却率を掛けて計算します。

¥ 「不動産所得」「減価償却費」の計算方法

総収入金額 － **必要経費** ＝ **不動産所得**

総収入金額
- 賃貸料収入
- 名義書換料など
- 敷金・保証金などのうち返還を要しないものなど

必要経費
- 固定資産税
- 損害保険料
- 修繕費
- 減価償却費など

減価償却費の計算方法は？

定額法：取得価額×耐用年数に応じた定額法の償却率

減価償却資産の償却率表

耐用年数	定額法の償却率
19年	0.053
20年	0.050
⋮	⋮
47年	0.022

例 「取得価額：100万円・耐用年数：20年」の建物の場合
100万 × 0.05 ＝ 5万
毎年5万円を減価償却費として計上する！

減価償却費の計算方法には「定率法」もあるが、建物などについては定額法しか採用できない

12 株や投資信託にかかる税金とは?

↓配当や分配金などは利子所得・配当所得、売却益は譲渡所得

◉ 利子所得や配当所得は源泉徴収だが、売却益は「申告分離課税」

ここで、株や投資信託といった資産運用に関する税金をまとめておきましょう。利子や配当、証券の譲渡益などの税金は、大ざっぱにまとめると左の図のようになっています。

「利子所得」は、ほかの所得が少ないときは確定申告をすると、源泉徴収税額の還付を受けられる場合があります。また「配当所得」も、1銘柄当たり年間10万円を超える配当は、確定申告で精算しなければなりません。

ただし、上場株式の配当金は「特定口座」(↓巻末❼)を開いて「確定申告不要制度」を利用し、納税を完結させることもできます。

◉ 株式、公社債などの売却損は「損益通算」も可能

一方、株式、公社債などの売却益は、譲渡所得として「申告分離課税」になるのが原則で

す。ただし、上場株式等は、特定口座で納税を完結させることもできます。

売却損（譲渡損失）が出た場合は、ほかの株式や債券の譲渡所得から控除する「損益通算」も可能で、譲渡所得と配当所得の損益通算の特例も創設されています。

配当や売却益にかかる税金は？

預貯金の利子 社債の利子 貸付信託の分配金 公社債投信の分配金	**利子所得** 源泉分離課税 確定申告不要
株式の配当金 株式投信の分配金 不動産投信の分配金	**配当所得** 要確定申告 上場株式等は 確定申告不要 制度選択可
株式・ 公社債などの譲渡益	**譲渡所得** 申告分離課税 上場株式等は 確定申告不要 制度選択可
公社債投信 証券投信 貸付信託の譲渡益	**株式などの 譲渡益と同じ**

税率はすべて20.315%
(所得税15%＋
復興特別所得税＋
住民税５%）です

※平成25年から令和19年までは、復興特別所得税が所得税額の2.1%加算されます

コラム

新しいNISA、あなたも始めてみる？

令和6年のある日、経営相談のために来社したA税理士、昼休みに熱心に新聞に見入っているCさんを見かけて声をかけました。

「おや、熱心に新聞見てますね。証券欄？ さては話題の『新しいNISA』でも始めるのかな？」

「あ、A先生。NISAが恒久的な制度になったんですよね？ 以前の期間限定より、なんか安心できるから、いよいよ始めようかなと思ったりして」

「そうですよね、ずっと続く、一生続けられる制度のほうが安心できますよね」

NISA（ニーサ）は、株式や投資信託などの投資で得た利益が非課税になる制度です。通常の投資で得た配当金や分配金、それに値上がり益などの利益には、所得税と住民税あわせて20・315％の税金がかかりますが、これがゼロ。手許に残るお金が、約2割も違います。

以前のNISAは当初から、平成35年（令和5年）の制度終了が決まっていましたが、令和6年から始まった新しい制度では、恒久的な制度になりました。そこで、以前のNI

ＳＡと区別するために「新しいＮＩＳＡ」「新ＮＩＳＡ」などと呼ばれています。

ちみなに、ＮＩＳＡの名前の由来は、イギリスのＩＳＡ（Individual Savings Account＝個人貯蓄口座）です。この制度にならってつくられたので、当初は「日本版ＩＳＡ」と呼ばれていたのが、そのまんま愛称ＮＩＳＡになりました。正式名称は「少額投資非課税制度」といいます。

「新しいＮＩＳＡって、投資枠が2つあるんですね」とCさん。

「はい。つみたて投資枠と成長投資枠の2つの枠があります」

新しいＮＩＳＡは簡単にいうと、つみたて投資枠と成長投資枠の2階建てです。

「つみたて投資枠」は、毎月など定期的に一定額を積み立てる枠で、年間１２０万円まで投資できます。「成長投資枠」は、自分の好きなタイミングで投資ができる枠で、年間２４０万円が上限額です。

新しいＮＩＳＡでは両方の枠を併用できるので、年間３６０万円までの投資が非課税でできます。年間１２０万円を決まった商品に投資しながら、別に投資したい商品を見つけたら、年間２４０万円まで投資できるわけです。

ただし、富裕層が多額のお金をＮＩＳＡで運用することを防ぐため、生涯で2つの枠合計１８００万円が上限となっています（うち成長投資枠は１２００万円）。

「投資の運用益が非課税になるもうひとつの制度、ｉＤｅＣｏは検討したんですか？」と聞くＡさんに、Ｃさんは

「えーと、老後資金のための投資ってことなので、なかなか始める気になれなくて」

「始めるなら若いうち。積立て期間が長くなるほど、運用の成果も大きくなりますよ」

ｉＤｅＣｏ（イデコ）は、ひと言でいうと「個人型確定拠出年金」（individual-type Defined Contribution pension plan）。毎月など定期的に一定額を積立て投資し、原則60歳になってから年金や一時金で受け取る制度です。

ｉＤｅＣｏでは、投資信託などの運用益が非課税になるほか、掛金が全額、所得控除の対象になって、所得税が安くなるメリットがあります（小規模企業共済等掛金控除→Ｐ84）。

さらに、60歳になって受け取る際にも、年金で受け取れば公的年金等控除（→Ｐ227）、一時金で受け取れば退職所得控除（→Ｐ106）の対象です。積立て中、運用中、受取り時の３つのタイミングで、ｉＤｅＣｏは税金が安くなるわけです。

掛金の拠出限度額は、国民年金の加入資格によって変わり、勤務先に企業年金制度がな

い会社員の場合で年額27万６０００円になっています。ＮＩＳＡとの併用も可です。

なお、企業年金制度を持たない中小企業が、ｉＤｅＣｏに加入している従業員の掛金に追加して、掛金を拠出できる制度としてｉＤｅＣｏ＋（イデコプラス）があります（「中小事業主掛金納付制度」というものです）。

「ん？　投資の話か？」と、そこを通りかかったＢ社長。「投資ならいいのがあるぞ。私に投資するんだ。競馬で大穴当てて、２倍にして返してやる！」

「社長、競馬につぎ込むお金があったら、社長の給料減らして、ｉＤｅＣｏ＋始めてくださいよ」とＡさん。

「給料を減らす？　それは困る！　競馬で負けが続いて、ただでさえ小遣いが足りないんだから……あ、しまった！」

思わぬところで競馬の負け続けがバレてしまったＢ社長に、ＡさんとＣさん大笑いです。

13 懸賞金や年金にも税金はかかる？

↓臨時収入は一時所得、雑所得の代表的なものは年金など

私たちがふだん考えもしないところにも、所得税はかかります。

たとえば**「山林所得」**。**山林の伐採や譲渡による所得で、特殊な計算で納税額を計算します**（五分五乗方式↓巻末❸）。

また、懸賞金や拾ったお金の報労金などの臨時収入は「一時所得」です。自分が保険料を支払った保険の満期金なども、一時所得になります。一時所得は、左の計算式の所得金額の、２分の１だけが総合課税（↓Ｐ92）の対象になります。

ほかの所得のどれにもあてはまらないものは「雑所得」です。文字どおり雑多なものが含まれますが、とくに重要なのは厚生年金・国民年金・恩給などの公的年金等でしょう。

公的年金等の雑所得の金額は、左の図のような速算表で計算されますが、65歳未満と65歳以上で計算が異なるので注意してください。**令和２年分以後は、控除額が10万円引き下げられているほか、１０００万円以上の区分が新設**されています。

一時所得・雑所得の金額は？

収入金額 － 収入を得るために支出した金額 － 特別控除額（最高50万円） ＝ 一時所得

↓ $\frac{1}{2}$を総合課税へ

公的年金等 ＋ 公的年金等以外のもの ＝ 雑所得

公的年金等以外のもの ＝ 公的年金等以外の総収入金額 － 必要経費

公的年金等 ＝ 公的年金等収入金額 － 公的年金等控除額

公的年金等控除額 ＝ 収入金額の合計額 × 割合 － 控除額

公的年金等の雑所得の速算表

年齢	公的年金等の収入金額の合計額	割合	控除額
65歳未満	～ 60万円	所得金額はゼロとなる	
	60万１円 ～ 129万9999円	100%	60万円
	130万円 ～ 409万9999円	75%	27万5000円
	410万円 ～ 769万9999円	85%	68万5000円
	770万円 ～ 999万9999円	95%	145万5000円
	1000万円 ～	100%	195万5000円
65歳以上	～ 110万円	所得金額はゼロとなる	
	110万１円 ～ 329万9999円	100%	110万円
	330万円 ～ 409万9999円	75%	27万5000円
	410万円 ～ 769万9999円	85%	68万5000円
	770万円 ～ 999万9999円	95%	145万5000円
	1000万円 ～	100%	195万5000円

※令和２年分以後

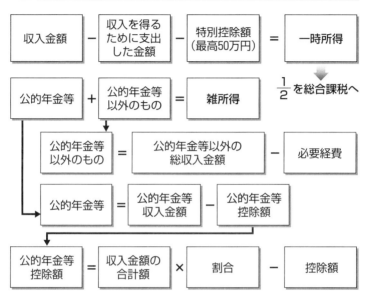

14 近年、ニュースを賑わしている「関税」とは？

引下げで家計は助かるが、国内産業には打撃も大きい

税制改正以外の時期でも、近年ニュースを賑わしている税金が「関税」です。ＴＰＰ11（環太平洋パートナーシップ協定）、日欧ＥＰＡ（日ＥＵ経済連携協定）、日米貿易協定と、いずれも「関税の引下げ・撤廃」が話題にのぼりました。

左の図上は、日米貿易協定で関税が引下げ・撤廃される品目の例です。

関税は、輸入品・輸出品にかけられる税金ですが、日本では輸出品にかけられていないので、輸入品にかけられる税金ということになります。ただし、すべての輸入品にかけられるわけではありません。

輸入品に税金をかける目的は、国産品の価格競争力を守ること、国内産業を保護することなどです。

その関税が引き下げられると、輸入品の輸入価格が安くなることから小売価格も安くなり、家計は助かります。

しかし、国内産業の中には打撃を受ける産業も出てきます。たとえば、令和２年１月に発効した日米貿易協定によって、農産品の国内生産額は年間で６００億円から１１００億円、減少すると農林水産省は試算しました。左の図下は、その減少額の一部です。

¥ 関税が引下げ・撤廃されるとどうなる?

日米貿易協定で関税が引下げ・撤廃される品目（例）

米からの輸入品	令和2年の発効前		引下げ・撤廃
牛肉	38.5%	→	段階的引下げ 9%（15年目）
豚肉	4.3%（高価格帯） 482円／キロ（低価格帯）	→	撤廃（9年目） 50円／キロ（9年目）
ワイン	15%または125円／ℓ（安いほう）	→	撤廃（7年目）
チェダーチーズ	29.8%	→	撤廃（15年目）
キウイ	6.4%	→	撤廃（即時）

日米貿易協定で生産減少が見込まれる品目（例）

牛肉	→	237億円～474億円
豚肉	→	109億円～217億円
鶏肉	→	16億円～32億円
牛乳・乳製品	→	161億円～246億円
鶏卵	→	24億円～48億円
全体	→	600億円～1100億円

（農林水産省の試算より作成）

コラム

まだまだあなたは取られている！　いたるところで税金が！

ある夏の日、顧問税理士のAさんはB社長主催のゴルフコンペに誘われ、出かけることになりました。ゴルフ場まで、AさんはB社長が運転するクルマに同乗させてもらいます。

高速道路に入ると、B社長がAさんに話しかけました。

「A先生の話を聞いていると、税金ってのは何にでもかかってるってことがよくわかりますね。所得税に法人税に相続税に消費税。このクルマだって自動車税に自動車取得税――あ、環境性能割か（→P208）、それに自動車重量税。さらにガソリン税（→巻末❷）……」

「まだまだありますよ」とAさん。

「これから行くゴルフには**『ゴルフ場利用税』**がかかります。これは道府県税で、標準はゴルフ場の規模により１人１日１２００円から４００円。18歳未満と70歳以上の人は非課税、国体のゴルフ競技のときの選手も非課税です。

ちなみに**令和2年度の税制改正では、東京オリンピックなど国際的なスポーツ大会の選手の公式練習、競技も非課税**と決まりました。それから、帰りに温泉に寄れば『入湯税』。

こちらは市町村税で1人1日150円が標準です。わずかな税額と思いますが、全国では1年に200億円以上の税収になるそうですよ」

「もう何を聞いても驚きませんな……」

「そのときどきで変わる税制もあります。たとえば平成24年には、外貨投資をする人が増えたからなんでしょうか、『国外財産調書制度』というのが創設されました。海外に持った財産から得た所得や、相続財産の申告漏れが増えたので、調書を提出してもらおうというものです」

5000万円を超える国外財産を保有する個人は、「国外財産調書」を提出しなければなりません。しかし、海外に財産を移して課税逃れをする人が絶えないので、令和2年度の税制改正でも罰則が強化されました。調書に記入した財産についての関連書類の提出が遅れると、10%だった過少申告・無申告加算税（↓P68）が15%に加算されます。提出があると5%という軽減措置つきです。

関連書類の提出がないと、10%加算で20%になります。

ちなみに、平成27年度の税制改正では「財産債務調書」も創設されています。所得税などの確定申告をする必要がある人で、その年の所得金額が2000万円超、かつ年末時点の財産価額が3億円以上など、一定の要件を満たす人は、翌年6月30日ごろまでに財産債務調書を税務署に提出しなければなりません。

「いまは経済がグローバル化しているからなあ」とB社長。

「そうなんですよ。平成27年からは、株式などを保有したまま外国に移住し、税金の安い国で売却するという税金逃れを防ぐ特例も創設されました。国外に転出する一定の高額資産家は、株式の含み益などに対して譲渡所得と同じような課税がされます」

相続税も、税金逃れのために国外に持つ財産が課税対象に加わりました。

相続人か被相続人が、被相続人の死亡前10年以内に国内に住所を有する日本人の場合は、国外財産にも相続税が課税されます。

令和2年度の税制改正では、所得税の扶養控除の国外居住親族に関する要件が見直されています。実は、配偶者控除や扶養控除などは所得税法上、国外に住んでいる親族にも適用できるのです。

しかも、扶養親族にあたるかどうかは、その親族の日本国内での所得だけで判定されていました。つまり、日本で働いている人に、国外でバリバリ働いている親族がいても、扶養親族にできて扶養控除が受けられるという問題があったわけです。

そこで、国外居住親族の年齢要件が見直され、16歳以上とだけあったのから、30歳以上70歳未満の親族を扶養控除の適用対象から外しました。

さらに**法人税でも、外国子会社を利用した租税回避を防ぐため、一定の条件を満たす外国子会社の所得に相当する額を、親会社の所得とみなして合算、課税**する制度があります。令和2年の税制改正では、海外の子会社からの配当と、その子会社の売却で親会社が節税をする手法を使えないよう、法人税法が改正されています。

「いまは、日本から出国するだけでも税金がかかるからなあ」とB社長。

「国際観光旅客税のことですね」

観光立国実現に向けた基盤整備のためとして、平成31年1月7日以後、日本を出国する人に１人当たり１０００円の「国際観光旅客税」が課税されています。２歳未満の子や、外交官などは非課税です。

「逆に、来日する観光客にうれしいのは、外国人旅行者向けの消費税免税制度の拡充でしょうね。平成26年10月には免税の対象が食品や薬品などの消耗品に広げられて、あの

『爆買い』を誘ったんですよ」

また、令和２年４月にスタートしたのが「免税手続きの電子化」です。それ以前には、外国人旅行者のパスポートに購入記録票をホチキスで止め、割印を押すなど面倒だった手続きを廃止し、インターネットで国税庁にデータを提供する方式ができました。

その一方で近年、問題となっているのが、訪日客が免税で買った商品を日本にいる間に転売し、免税分との利ざやを稼ぐ行為です。これを防ぐため免税の制度を改めて、購入時には消費税を払ってもらい、出国時に空港で免税分を払い戻す方式が検討されています。購入金額によっては、税関の職員が荷物を確認するそうです。令和７年度以降の実施をめざしています。

「はあ、毎年、新しい制度ができて税金を納める側もたいへんだ。ゼイゼイしますな」

あいかわらずのダジャレに、

「それじゃあ」とＡさんが切り返します。

「サービスエリアに入って、キンキンに冷えたアイスコーヒーでも飲みましょうか。ひと休みしましょうよ」

いつのまにか、息の合ったコンビになっているＢ社長とＡさんです。

これだけは
知って
おきたい

改訂新版10版

「税金」の
しくみとルール

50音順索引&用語解説

❶～❽

税金の種類別索引

❾～❿

【地方税】

税金の種類別索引

政府が特定の政策を実現するために、税負担に特例を設ける措置。政策を推進するための優遇措置と、抑制するための重課措置がある。証券投資を促進するためのNISAは優遇措置の例。租税特別措置法で定めるほか、各税法の本則で定めている場合や、地方税法に定められた特例措置もある。

〔タ〕

個人や法人が1月1日時点で保有する土地に対してかかる国税。ただし平成10年以後、課税されていない。

所得が多いほど税率が高くなるようなしくみを「累進税率」といい、累進税率のうちでも、課税標準をいくつかの段階に分けて、段階ごとに税率を掛けた額の合計を税額とするものを「超過累進税率」という。速算表を利用すると計算が簡単になる。

一般電気事業者(電力会社)が販売する電気にかかる税金。

大ざっぱにいうと、同一の家屋で
生活をしていて、生活費が区別さ
れていないこと。同居していなく
ても、常に生活費の送金が行なわ
れている場合などは認められる。
したがって、郷里の親に毎月生活
費を送金しているケースなどで
は、扶養控除や医療費控除の対象
になる。

　贈与税の暦年課税では、亡くなる
前に贈与を受けた財産は、相続財
産に加算される。その期間は長ら
く亡くなる前3年間だったが、改
正により令和6年分から段階的に
延長され、7年間となる(4年以
上前の分は100万円を控除)。「持
ち戻し」ともいう。

　「強制調査」と「任意調査」がある。
強制調査は、国税局査察部(いわ
ゆる「マルサ」)が行なう査察。
任意調査は、税務署や国税局の調
査部門が行なう調査で、一般的に
行なわれている。現状調査、帳簿
調査などが行なわれ、抜き打ち調
査もある。

　タクシーなどで燃料として使用さ
れるLPガス(石油ガス)にかか
る国税。

　原油や輸入石油製品、ガス、石炭
などに課税される国税で、採取者
および引取業者が納税する。

　医療費控除の特例。指定された対
象医薬品の購入費用のうち、年額
1万2000円を超える部分(上限
8万8000円)が所得控除できる。
対象医薬品は、医療用から一般用
に切り替えられて、一般の薬局な
どでも購入できるようになった薬
(スイッチOTC薬)やその他で、
厚労省のサイトでリストを見るこ
とができる。定期健康診断を受け
ているなどの要件があり、通常の
医療費控除との併用はできない
(令和8年12月までの購入)。

　相続・遺贈・相続時精算課税によ
り財産を取得した人が、一親等の
血族(代襲相続の孫を含む)、配
偶者以外である場合は、相続税額
に2割が加算される。

スピンオフは、企業が事業再編の
ために事業や子会社を独立させる
こと。一定の要件を満たすスピン
オフは、「適格組織再編成」とし
て、新会社の株主の譲渡益や配当
金に対する課税が軽減される。令
和5年度の改正では、新会社が元
の企業の支援を受けながら、段階
的に独立できるような優遇措置が
加えられた。

教育資金非課税申告書は、金融機
関経由で提出する。受贈者が30歳
になったり、教育資金口座の契約
が終了したときに残額や教育資金
以外の支払いがあると、その年に
残額分の贈与があったものとして
課税される。令和元年7月以後に
30歳になり、学校などに在学して
いる場合は、在学が終わった年の
12月31日に契約が終了するものと
する。また平成31年4月以後の贈
与では、受贈者の前年の合計所得
金額が1000万円を超える場合に
は、非課税措置を受けることがで
きない。教育資金口座の契約が終
了する前に贈与者が死亡した場合
は、学校等に在籍しているなど一
定の要件を満たす場合を除いて、
相続等があったものとみなされ
る。孫などの場合は、相続税額の
2割加算の対象になる。

　マイホームを売ったときは、一定
の要件を満たすと、保有期間に関
係なく譲渡所得から最高3000万円
まで控除ができる。居住者が亡く
なった空き家を相続し、譲渡した
場合も、一定の要件を満たすと特
例を適用することができる(令和
9年12月までの譲渡)。

　ディーゼルエンジン車の燃料であ
る軽油にかかる税金。道府県税

50音順索引＆用語解説

〔ア〕

インターネットなどを利用して税金に関する手続きが行なえるシステム。所得税・贈与税・法人税・消費税（地方消費税を含む）・酒税・印紙税などの申告書がインターネットを通じて送信できるほか、全税目の納税、申請・届け出などが行なえる。

遺言によって、財産の一部または全部を無償で譲与すること。相続人以外の人を指定することもできる。ただし、法定相続分を侵した場合には遺留分の問題が生ずる。

地方税ポータルシステムの呼称、eLTAXと表記する。インターネットを利用して、地方税に関する手続きが行なえるシステム。法人住民税・法人事業税・特別法人事業税（地方法人特別税）・個人住民税・固定資産税などの申告の一部、納税、申請・届け出ができる。

〔カ〕

【著者紹介】

梅田泰宏（うめだ・やすひろ）

◎――1954年、東京生まれ。公認会計士、税理士。

◎――中央大学卒業後、大手監査法人に入社。1983年、梅田公認会計士事務所を設立。企業における幅広いコンサルティング活動を精力的に行なう。約250社の中堅・中小企業並びに外資系現地法人に対し、財務指導から税務業務まで幅広いサポートを続けている。

◎――2004年、企業に対するサービスをよりスピーディに行なうため社会保険労務士、司法書士との合同事務所「キャッスルロック・パートナーズ」を設立。さらに2006年、税務部門を税理士法人として新たなスタートを切った。

◎――主な著書に、『わかる！国際会計基準』（ダイヤモンド社／共著）、『「原価」がわかれば儲かるしくみがわかる！』（ナツメ社）、『決算書は「直感」で９割読める』（PHPビジネス新書）、『今すぐ使える会計＆ビジネス数字の読み方・活かし方』（ぱる出版）、『経費で落ちるレシート・落ちないレシート』（日本実業出版社）、『マンガでわかる 親子で読む 絶対もめない！相続・生前贈与』（実業之日本社）『イチからわかる！「会計」の基本と実践』（すばる舎）など多数ある。

［梅田公認会計士事務所］ホームページ
http://www.ume-office.com/

編集協力／片山一行（ケイ・ワークス）

これだけは知っておきたい「税金」のしくみとルール　改訂新版10版

2024年７月３日　　初版発行

著　者　梅田泰宏
発行者　太田　宏
発行所　フォレスト出版株式会社
〒162-0824 東京都新宿区揚場町２-18　白宝ビル７F
電話　03-5229-5750（営業）
　　　03-5229-5757（編集）
URL　http://www.forestpub.co.jp

印刷・製本　萩原印刷株式会社

ISBN978-4-86680-283-1　Printed in Japan